कबीर-चिंतन

कबीर-चिंतन

डॉ. ब्रजभूषण शर्मा

वाणी
प्रकाशन

प्रकाशन के उत्कृष्टतम 62 वर्ष

सजिल्द प्रथम संस्करण : 1992
सजिल्द द्वितीय संस्करण : 2008
सजिल्द तृतीय संस्करण : 2025

vaniprakashan.com

वाणी प्रकाशन
4695, 21-ए, दरियागंज, नयी दिल्ली-110 002
फ़ोन : + 91 11 23273167, 23275710
शाखाएँ
अशोक राजपथ, पटना-800 004, बिहार
कॉफ़ी हाउस कैम्पस, महात्मा गांधी मार्ग, प्रयागराज-211 001, उत्तर प्रदेश
महात्मा गांधी अन्तरराष्ट्रीय हिन्दी विश्वविद्यालय, वर्धा-442 001, महाराष्ट्र
sales@vaniprakashan.in
vaniprakashan@gmail.com

Kabir-Chintan
by Dr. Brijbhushan Sharma

ISBN : 978-81-8143-879-9
Criticism

मूल्य : ₹ 325

जी.एस. ऑफ़सेट, दिल्ली-110 095 में मुद्रित

वाणी प्रकाशन का लोगो मक़बूल फ़िदा हुसैन की कूची से

यशस्वी पत्रकार
अग्रज-तुल्य
स्वर्गीय पण्डित हरिदत्त शर्मा
को सादर
जिनका जीवन और रचनाधर्म
लोकमंगल के लिए समर्पित था ।

भूमिका

कबीर एक सच्चे रचना-धर्मी संत कवि थे, जिन्होंने दुनिया में फैले हुए दुःख-दर्द को अपने दिल की गहरी तहों तक महसूस किया था। किन्हीं कारणों से या तर्कों के आधार पर कुछ लोग उनको केवल संत तक ही सीमित रखना चाहते हैं; किन्तु मेरे विचार से वे एक गहरी नजर वाले मर्मी कवि थे, मस्ती के आलम में, अपने पराये से बेवाक उनका कवि-हृदय अपने ही रंग में रंगा रहता था। कबीर को इन्सानी रिश्तों की गहरी पहचान थी। मानव-हृदय, जीवन, समाज और अनुभवातीत की गहराई तक पहुँचने वाले एक सफल कलाकार का दर्जा उन्हें प्राप्त है। आचार्य शुक्ल का यह कथन यहाँ सटीक ही है कि "सच्चा रचनाकार लोकमानस की भावना को स्वीकार कर अपने साहित्य को जनता के हृदय पर अंकित कर देना चाहता है।" सच्चा कलाकार वही है जो जनता के दिल की बात कह सके, उसके सामने जीवन की यथार्थता को उजागर कर सके। वह जीवन सत्य के अनुभव से उद्वलित रहता है। जिसे हम जीवन की वास्तविकता कहते हैं, उसकी धारा बहुत प्रबल होती है और इस धारा का सामना करने वाले मस्तिष्क में हलचल होना स्वाभाविक है। किन्तु जब मस्तिष्क इस प्रतिकूल शक्ति को अपने भीतर जज्ब कर लेता है तब उसकी अपनी शक्ति बढ़ने लगती है, वह ऊपर को उठने लगता है और इस विरोध के कारण ही उसकी प्रगति होने लगती है।

कबीर की यही मानसिक स्थिति थी, उन्होंने समाज में व्याप्त अमानवीयता, ह्रासोन्मुखी मानसिकता को पहचाना और इसलिए उस युग के मनुष्य की पलायनवादी, निराशापूर्ण प्रवृत्ति का

निराकरण कर उसे आत्मविश्वास और आत्मस्फूर्ति से भर देने की कोशिश की। उदार और उदात्त दृष्टिकोण के प्रचार का कबीर ने जो प्रयास किया उसने समाज को स्वस्थ-जीवन तो प्रदान किया ही, साथ ही जनसाधारण के दिलों में छिपी संवेदना, रागात्मकता को भी उन्होंने जगा दिया। ज्ञान की चेतना, भक्ति की मधुरता, परम सत्ता से तादात्म्य और मानव जन्म की सार्थकता का परिचय इनके काव्य में व्याप्त है। कबीर का मूलस्वर सहिष्णुलता और आत्मवत् अनुभव की भावना है। इन्होंने मानव-मात्र के स्वाभिमान को जगाया। मध्यकाल पूंजीवादी, सामन्ती-शोषण का युग था जब कबीर ने कबीर जननादी आन्दोलन को छोड़ने का प्रयास किया था, जिसका असर हम आज तक महसूस करते हैं। मानव-मूल्यों की स्थापना, संस्कृति की गुणवत्ता एवं परिष्कार, चरित्रोत्थान, लोकमंगल कबीर के काव्य के मूल चेतना हैं। धर्म को अन्धविश्वास, कलुषित वृत्तियों के जाल से निकालकर उन्होंने उसको ज्योतिर्मय बनाने का, एक ज्योति-पथ बनाने का साहसपूर्ण कार्य किया। कलाकार के मस्तिष्क की गतिशीलता की एक शर्त यह भी है कि वह बराबर किसी विरोध के सामने रहे, बराबर कठोर वास्तविकता से संघर्ष करता रहे, तभी उसकी आत्मशक्ति, चेतना में नव-ऊर्जा का उद्दाम वेग आ सकेगा। क्योंकि जब किसी विचारधारा के क्षेत्र में सृजनशील और जीवन-जन्य उद्वेगों से परिपूर्ण चिन्तन रुक जाता है तो वह स्थिति महत्त्व-पूर्ण सत्यों के बावजूद जीवन विकास के लिए निरुपयोगी हो उठती है। इसलिए रचनाकार में अनुभूति की तीव्रता होना आवश्यक है और यह गुण कबीर में मिलता है। इस प्रकार लेखक की भाव-दृष्टि से परिपूर्ण उसके जीवनानुभव उसकी अनुभूति के माध्यम से कला के तत्त्व बन जाते हैं। मुक्तिबोध का कथन सत्य ही है कि 'लेखक के संवेदनात्मक उद्देश्यों और अन्तरानुभवों को व्यापकतर मानव-सत्ता के तथ्यों से जोड़ना चाहिए।' कबीर ने अपने अन्तःकरण के सत्य को अपने काव्य में उद्घाटित किया और यही कारण था कि वह जीवन के सत्यों से अलग नहीं रह सके। स्वानुभूत ज्ञान में कितनी प्रबल शक्ति, उद्दाम आवेग होता है, कबीर का काव्य यह सिद्ध करता है।

कबीर का युग सांस्कृतिक टकराव का युग था, शासक और जनता दोनों ही विचलित थे, इन्सान अपने को कुछ बेहसहारा पा रहा था, न धर्म, न दर्शन, कोई भी उसका सहायक नहीं था, वह लक्ष्य-

भ्रष्ट हो रहा था, अपनी परम्पराओं और मान्यताओं के व्यूह-जाल में फंस कर बेचैनी की जिन्दगी जी रहा था, ऐसे समय में कबीर जैसे इन्सान का संघर्ष के मैदान में ज्ञान की तलवार लेकर सूरमा की तरह उतरना इतिहास के सूत्रों की एक महत्त्वपूर्ण घटना है। कबीर को ईश्वर पुत्रों से अनन्त प्रेम और सहानुभूति थी। अपने युग के हालात को जगह-जगह घूम कर वे अच्छी तरह जान चुके थे, वे तो ऐसे किसी को ढूंढ रहे थे जिससे वे अपने दिल की पीड़ा को कह सकें, जो उन्हें रात-दिन मथती रहती थी, इसलिये उनके काव्य में एक फैलाव, गहराई और ऊँचाई समान गति से आते चले गए। कभी वह गहन भावुक हो उठते हैं और कभी शेर की तरह घोर-निनाद कर उठते हैं, कभी आनन्द के दरिया में डूबते चले जाते हैं, कभी अपना घर जलाने का आनन्द लेते हैं, एक बेमिसाल आत्मा थी कबीर की। सहज अभिव्यक्ति का कवि होते हुए भी कबीर की बानी को समझना उतना आसान नहीं है जितना कि हम समझते हैं, उनकी व्यंजना-शैली, काव्यरचना की दृष्टि अत्यंत अनूठी थी, बड़े तथ्य की और चुभने वाली बात को बड़े सहज और मीठे ढंग से कह देना बस केवल कबीर के ही बस की बात थी, यही उनकी अभिव्यंजना-शैली की विशेषता है।

कबीर कोई बंधे-बंधाये परिवेश के कवि नहीं थे, हृदय की मुक्तावस्था ही कबीर की कविता थी, इसलिये काव्य-कला की निपुणता न दिखाते हुए भी आलंकारिकता, वक्रता, बिम्ब, प्रतीक, भाव और कल्पना की सुन्दरता सहज ही उनकी बानी में आ गई है। साखी, सबद, पद रमैनी में अपनी बात को कह दिया, कोई क्रमबद्धता न होते हुए भी, कहीं व्यतिक्रम भी नहीं मिलता। मूलरूप में तो उनकी बानी का क्या रूप होगा; कह नहीं सकते, लेकिन जो कुछ मिलता है, वह अपनी संपूर्णता का परिचायक है। जो कुछ भी कबीर के काव्य की विषय-सामग्री है, उससे यही लगता है कि काव्य-सौंदर्य और काव्य-सौष्ठव के स्थान पर उनका ध्यान मनुष्य को उसके जीवन के सत्यों से परिचित करा देने पर ही अधिक था। अपनी रमैणियों और उलट बासियों में उन्होंने किसी बात के सार को समझने के लिए पाठक को मजबूर कर दिया है। कबीर पर पूर्व-परम्परा से चले आ रहे निर्गुण-दर्शन और चिन्तन का प्रभाव था, इसलिए उपनिषद्, सिद्ध, नाथ, निरंजनी-सम्प्रदाय की विशेष अर्थबोधक शब्दावली इनकी बानी में मिलती है।

इतना होने पर भी कहा यही जा सकता है कि उनकी भाषा, जनभाषा है, बहता नीर है, क्योंकि उनकी बानी-सरिता जहाँ-जहाँ वही, वहीं-वहीं के लोक-प्रचलित शब्द ले लिये एवं योगी, साधकों के लिये उनके अनुरूप बानी कही और अनपढ़, सीधी-साधी जनता के लिये वैसी बानी कही, जिसे वे अभिधार्थ में समझ सकते थे। फिर भी यह तो मानना ही होगा कि वे भाषा के जादूगर थे, कुछ न कह कर भी उनकी भाषा में दीप्ति, चमत्कार और गहराई आ गए हैं। उनकी बानी कहीं-कहीं लक्षणा, व्यंजना की सीमा पार कर अनेक विरोधार्थी भावों से भरी मिलती है। जिसमें केवल आध्यात्मिक भूमियों की दुर्बोधता ही नहीं है, अपितु सामान्य-व्यवहार की उक्तियों में भी कुछ जटिलता नजर आती है। कबीर रहस्यवादी कवि थे, रहस्यवादी साधक मौन रहता है, वह आत्मानुभव का आनन्द अन्दर ही अन्दर लेता रहता है और जब बात कहता है तो उलझन भरी, एक बार उसका अर्थ समझने पर जब हम पुनर्विचार करते हैं तो वही सीधा-सादा भावार्थ गूढ़ बन जाता है। कहीं-कहीं विकृत शब्दावली तो नहीं कह सकते, मनमानी शब्दावली का प्रयोग उन्होंने किया है। कहीं कबीर शुष्क, नीरस, कठिन योगपरक शब्दावली का प्रयोग करते हैं और कहीं दाम्पत्य-प्रीति के अनुराग से मस्त हो उठते हैं। तब कबीर की भावना को समझना कठिन हो जाता है। वैसे कबीर में दो बातें ही प्रमुख हैं, संसार की नश्वरता और जीव और ब्रह्म की अद्वैतता, बाकी वर्णन तो अपनी बात को समझाने के लिये कबीर ने किया है। फारसी भाषा के शब्दों का, वाक्यों का सुन्दर प्रयोग भी कबीर में मिलता है। कबीर ने भागवत-जीवन में आने वाले गहरे अनुभवों को अभिव्यक्त करने का प्रयत्न किया है किन्तु उनकी अभिव्यक्ति जटिल बन गई है, वह भी समझते थे, हम भी कुछ-कुछ समझते हैं लेकिन उसकी पूर्णता को प्राप्त नहीं कर पाते, विद्वानों ने अर्थ किये हैं लेकिन फिर भी अस्पष्टता शेष रह जाती है।

इतना सब होते हुए भी यह कहने में कोई हिचक नहीं कि कबीर का लक्ष्य धर्म, दर्शन, अध्यात्म के प्रतिपादन की अपेक्षा मानव और समाज को एक स्वस्थ, परिष्कृत, सुव्यवस्थित, सुदृढ़, उदात्त और सुन्दर रूप देना था। कबीर ऐसे तपस्वी या साधक नहीं थे जो केवल अपने कल्याण के लिये ही आध्यात्मिकता की ओर उन्मुख हुए थे, वे अपने अनुभवों द्वारा जन-समाज का मार्ग-दर्शन करना चाहते थे, वे सिद्ध-साधकों की उपलब्धियों का उपयोग समाज-हित के लिये

करना चाहते थे। जीवनोत्थान के लिये कबीर मानव की आन्तरिक-शुद्धि, पवित्रता पर बल देते थे, जो मानव को आन्तरिक-सौंदर्य प्रदान कर उसके व्यावहारिक जीवन को पुरुषार्थमय, कर्मण्यतापूर्ण और लोकमंगल-विधायक बना देने में सहायक हो।

कबीर व्यक्ति के विचारों में, आत्मचिन्तन में बुनियादी बदलाव लाने के साथ उसका पुनः संस्कार कर, उसका हृदय-परिवर्तन कर, जीवन के प्रति, आचार के प्रति एक, सजग, किन्तु अनासक्तिमय दृष्टि उत्पन्न करना चाहते थे। उनके काव्य का मनोवैज्ञानिक दृष्टि से अध्ययन एक महत्त्वपूर्ण पक्ष है, उन्होंने साखियों में अंग वर्णन किया है, जिनमें मनुष्य की भौतिक और आध्यात्मिक चित्तवृत्तियों का विश्लेषण, गूढ़-अध्ययन कबीर ने प्रस्तुत किया है, साथ ही मानव-वादी दृष्टि से भी उन्होंने मानव-मूल्यों की स्थापना की। सामाजिक जीवन पर सूक्ष्म पर्यवेक्षी दृष्टि डालने के कारण ही कबीर का ध्यान साधु-संत की अपेक्षा जनसामान्य पर अधिक था, साहित्य और संस्कृति की दृष्टि से मानव-मूल्यों की स्थापना एक युगीन महत्त्व का प्रयास था, उन्होंने वेद-शास्त्र की अस्वस्थ व्याख्या करने वाले लोगों का विरोध किया, वह स्वतन्त्र-विचारक, स्वाधीन-चेता थे, दीनता, दासता, हीनता और शोषण का जड़ से उन्मूलन कर देना चाहते थे। हम उन्हें ऐतिहासिक संदर्भों की परतों में ढककर देखते हैं, जबकि कबीर सभी आवरणों को वेध कर आत्मा और व्यक्ति के उज्ज्वल रूप को जीवन के रंगमंच पर प्रस्तुत करना चाहते थे।

कबीर के माता-पिता, घर-बार, वंश, कुल, जाति के विषय में कुछ भी निश्चित नहीं है, वह स्वसंस्कार निर्मित व्यक्तित्व के स्वामी थे। उनका परिवेश और जीवन-दर्शन उनकी अपनी व्यक्तिगत जीवन-चेतना से स्फूर्त थे। यदि ईमानदारी से ऐसे व्यक्ति का चरित्र-विश्लेषण किया जाए तो बहुत-सी नई बातें, मूल्य और जीवन-चेतना के आयाम प्रकाश में आएँगे, परन्तु उससे पूर्व समस्या तो यह है कि उनकी वाणी की प्रामाणिकता भी पाठ्यांतर और अन्य किंवदंतियों से विकृत हो गई है। स्वनिर्मित परिवेश से उर्जित व्यक्ति अपने आप में अद्भुत होता है, यही सत्य कबीर के लिये सटीक है। कबीर ने समस्त परम्परागत मूल्यों का पुनः, निरीक्षण कर प्रकृतिगत सत्यों से समाज को अवगत कराया। उन्होंने जीवन-विकास की गति-रोधक शक्तियों का ध्वंस किया, वैचारिक अन्तर्विरोधों को दूर करने का प्रयत्न किया। कबीर की वाणी आत्मनिष्ठ, क्रांतिकारी संत का स्वर

है। लोकमंगल-समन्वित एक नूतन समाज-दर्शन का नेतृत्व कबीर ने किया था। अन्दरूनी जिन्दगी और बाहरी व्यवहार की एकरूपता उनकी वाणी का आचार-दर्शन है। कबीर ने जीवन-मूल्यों को भक्ति, धर्म, दर्शन, नैतिकता, आध्यात्मिकता मनोविज्ञान, समाज-व्यवस्था आदि के परिप्रेक्ष्य में रखकर अपने विचार-दर्शन, चिन्तन-मनन, साधना को प्रतिष्ठित किया था। उन्होंने ब्रह्म-चिन्तन के माध्यम से ही समस्त भाव-तत्त्वों और वैचारिकता को व्यक्त किया है। इस कारण पाठक को सतत् चिन्तन की तादात्म्यता कबीर की वाणी द्वारा मिलती है। वह निरन्तर सोच-विचार तो करता ही है, किन्तु ब्रह्म-ज्ञान के रस का आस्वादन भी पर्याप्त मात्रा में करता है। जीवन और साहित्य को कबीर ने अभिन्न बना दिया था। ज्ञान की सीमाओं का अनन्त विस्तार उनकी मूल चेतना थी। इस जगत से परे भाव जगत में रमण करने वाले कबीर आठों पहर मस्ती की छाक में डूबे रहते थे और उसी में पाठक को भी लीन करना चाहते थे। लोकहित-वाद से समन्वित उनकी दृष्टि मनुष्यत्व की सबसे ऊँची कक्षा में पहुंची हुई थी जो विश्व हृदय की अनुभूति से परिपूर्ण थी। आतम-गौरव के साथ भक्ति के ऊँचे से ऊँचे सोपान पर कबीर बढ़ते चले गए थे।

कबीर पर पूर्ववर्ती और अपने युग की भक्ति-भावना, दार्शनिक-चिन्तन और साधना-पद्धति का गहरा प्रभाव पड़ा था, किन्तु स्वामी रामानन्द प्रदत्त संस्कार उनमें सबसे अधिक मूर्धन्य थे। भक्ति के क्षेत्र में उदारता कबीर की बहुत बड़ी देन है। भक्ति रस छोड़ने पर कबीर का रस तत्व काफी मात्रा में घट जाता है। शास्त्र लोक से बड़ा नहीं, कबीर ने इस सत्य को बताने का भरसक प्रयत्न किया है। उनके रहस्यवाद ने साहित्य और साधना के क्षेत्र में एक बहुत बड़ी भूमिका अदा की है। आध्यात्मिकता की परिणति आतमज्ञान है, कबीर का चिन्तन इसी पर आधृत है।

प्रस्तुत पुस्तक इसी भावना और दृष्टिकोण को ध्यान में रख कर लिखी गयी है। कुछ नवीन शीर्षक भी लिये गए हैं। मैंने यह पुस्तक कबीर के सामान्य अध्येता को नजर में रखकर लिखी है, क्योंकि आम पढ़ने वाले के लिये गूढ़ साहित्यिक रचना-विधान और शैली की अपेक्षा, सहज-सरल भाषा-शैली का प्रयोग ही उचित है। कबीर एक ऐसे संत कवि हैं जिनको केवल विद्वान या शोधकर्त्ता नहीं, आलोचक और समीक्षक ही नहीं, बल्कि कबीर के सामान्य

परिचय के लिये उनकी बानी को पढ़ने तथा उनके विचारों को जानने के लिये भी पढ़ा जाता है। इस पुस्तक को लिखने के कार्य में मेरे एक शिष्य श्री कृष्ण प्रसाद तिवारी का योगदान उल्लेखनीय है क्योंकि मैं जो कुछ लिखता था, वे उसे बड़े धैर्य से सुनकर अपने विचार प्रगट करते थे, जिससे मुझे पाठक की अभिरुचि के प्रति अपने कर्त्तव्य का ध्यान रहा। मेरी पत्नी सरिता शर्मा ने भी अपने सुझाव देकर मेरी सहायता की, इनका मैं आभारी हूँ। आशा है, यह पुस्तक कबीर के सुधी पाठकों के लिये कुछ उपयोगी सिद्ध हो सकेगी।

22-2-92

1660, सोहन गंज, सब्जी मंडी,
दिल्ली-110007

ब्रजभूषण शर्मा

क्रम

कबीर के प्रेरणा-स्रोत

किसी भी रचनाकार की रचना उसकी अन्तश्चेतना में घटित होने वाले भाव-समूह का परिणाम है, उसके भाव-प्रयोजन पर, जीवन-दृष्टि पर उसके व्यक्तिगत संस्कारों के अतिरिक्त सामाजिक संस्कारों और परिवेश का प्रभाव भी पड़ता है। कवि प्रजापति है, उसकी आत्म-प्रज्ञा उसके हृदय में अनेक कल्पना संसारों की सृष्टि करती रहती है। सभी कार्यों में 'सोकामयत्' का भाव निहित रहता है, साहित्य का साध्य ही एषणा, कामना, एक अपूर्व कामना है[1] रचयिता पर एक ऐसा दवाव पड़ता है कि वह महसूस करता है कि बस उसे कुछ कहना है, जो हृदय-पटल पर अंकित हो गया है, वह बाहर कैसे अभिव्यक्त हो।

मध्यकालीन काव्य ने एक गहन-निनाद किया, एक पुकार लगाई, वह एक दृढ़ निश्चय को लेकर आगे बढ़ने लगा, 'संसार में इतना दुःख रहते हुए सन्त-पथ के पथिक को सुख कहाँ, इतना ही काफी है कि भीतर का अन्धकार शान्त हो पाए, अन्धकार एक किस्म की आग का धुआँ है, वह शान्त तभी होता है जब या तो आग धधक उठे या फिर आग बुझ जाये, पर बुझना सम्भव नहीं होता।[2] कबीर के मन में भी एक-एक आग, एक धुआँ फैला रहा था, वह बेचैन थे—

'हिरदा भीतर दौं बलै, धूवाँ प्रगट न होइ।
× × ×
झल उठी झोली जली खपरा फूटिम फूटि।'[3]

कबीर अपनी ही नहीं संसार की व्याकुलता, उसकी पीड़ा से भी आहत हो उठे थे, उनमें एक सजग कलाकार की मर्म वेदना चीत्कार कर उठी थी,

'ऐसा कोई ना मिले, जासो रहिये लागि।
सब जग जलता देखिये, अपणी अपणी आगि॥'[4]

इस प्रकार कबीर का भाव प्रेरणा-स्रोत फूट उठा, वह घन-निनाद करता

अपने मार्ग को सभी विघ्न-बाधाओं को ध्वस्त कर आगे बढ़ने के लिए विद्रोह कर उठा। उनकी दृष्टि केवल आत्म-निष्ठ नहीं थी, वह समाजपरक भी थी। जिस विशिष्ट समुदाय के भीतर लेखक रहता है, काम करता है, उसका निश्चित विश्लेषण और अखंड ईकाई के रूप में उसका प्रस्तुतिकरण उसके लिए आवश्यक होता है, अन्यथा घोर असमंजस पैदा हो जाता है। साहित्य एक ऐसा सूत्र है जो वर्ग की पहचान कराता है और उसे भाईचारे के बन्धन में बाँधता है।[5] गोल्डमान के अनुसार साहित्य दृष्टि समष्टि चेतना की अवधारणा पर केन्द्रित होती है। इस चेतना को ही गतिशील सच्चाई मानना होगा। वे कहते हैं कि समूह के साथ व्यक्ति के सम्बन्ध उसकी सामाजिक चेतना को निखारते हैं और वह अपनी साहित्यिक या दार्शनिक रचना में अपने युग की महत्वपूर्ण सामाजिक प्रवृत्तियों को चित्रित करता है, चाहे वह यह कार्य कितने ही अप्रत्यक्ष रूप से क्यों न करे।'[6]

कबीर ने अपना, अपने समाज का समग्र दृष्टि से प्रतिनिधित्व करते हुए उसकी अभिव्यक्ति की, वे अत्यन्त संवेदनशील और सजग कलाकार थे, खुद जागे औरों को जगाया, 'अवधू जागत नींद न कीजै' यह कथन अप्रत्यक्ष होते हुए भी सामाजिक चेतना का, कवि की आत्मा-प्रेरणाओं का उद्घोषक था, मूल-मंत्र था, उन्होंने उक्ति-वैचित्र्य का सहारा लेते हुए स्पष्ट-अस्पष्ट रूप में अपनी पीड़ा को कह ही तो दिया—

'भगति बिन भौजलि डूबत है रे।'[7]

कबीर गहरी पैठ वाले पारखी संत थे, वे संसार की दिग्भ्रमित दशा को देख रहे थे, 'लोचन अचित सबै अंधियारा, बिन लोचन जग सूझै'।[8] उस समय का व्यक्ति-समाज नेत्र रहते हुए भी अन्धा था, अज्ञानी, अविवेकी था जो अपना अहित स्वयं कर रहा था और ऐसे दुविधा द्वन्द्व के समय में रामानन्द जैसे उदार-हृदय, उदार-चेता, क्रान्तिकारी धर्माचार्य का वरदहस्त कबीर के लिए अमृतपथ बन गया—

'मोहि आग्य दई दयाल दया करि, काहूँ कूं समझाइ।'[9]

उनकी आत्म-प्रेरणा का मूल-स्रोत उनके गुरु ही थे जिनकी कृपा से उन्होंने सभी संकीर्ण-बन्धनों को तोड़ा, वे स्वतंत्र-चिन्तक थे, उन्होंने बहुत-सी ज्ञानपूर्ण सच्चाइयों को सामान्यजन तक पहुँचाया। 'कबीर ने अपने व्यक्तित्व का निर्माण स्वानुभूति की भित्ति पर किया था।'[10] कबीर संत कवि थे उनका लक्ष्य या प्रयोजन आत्म-साधन सार था[11] उन्होंने अपनी बात को साफ-साफ कह दिया था—

'दरसन समि कछू साध न होई,"[12]

आत्म-साधना का अर्थ था, आत्म-ज्ञान प्राप्त करना, मूल सत्य से परिचित होना, आत्म-साक्षात्कार करना। इन सब कार्यों की प्रेरणा देने वाले उनके गुरु ही थे और वही इस मार्ग को बताने वाले थे।

'सतगुर की महिमा अनंत, अनंत किया उपगार।
लोचन अनंत उघाड़िया, अनंत दिखावण हार ॥'[13]

इनकी आत्म-चेतना का प्रसार स्वामी रामानन्द द्वारा प्रदत्त बीजमंत्र से ही हुआ। रामानन्द की त्याग भावना से, उदार चेतना से ही उनकी उस स्वतंत्र चिन्तन-शक्ति का अनुमान लगाया जा सकता है जिसका फलित और प्रगट रूप हम कबीर की काव्य-चेतना भी देखते हैं। रामानन्द ने कहा कि भगवान के शरणागत होकर जो भी आ गया, वे सभी समान हैं, वहाँ का द्वार सबके लिए खुला है। उन्होंने एक स्वतंत्र तथा नितान्त नवीन उपासना पद्धति बताई जो सबके लिए सहज सरल थी, उनका लक्ष्य विरोधाभास को अप्रकृत करके उसमें अन्तर्निहित महान अर्थ को प्रकृत बनाना था, कबीर ने इस कार्य की पूर्ति की।

कबीर पर अनेक तत्कालीन चिन्तन-धाराओं और भक्ति-परम्पराओं का प्रभाव पड़ा। इनमें सर्वाधिक प्रभाव पड़ा वैष्णव धर्म की अहिंसा-प्रेम, प्रपत्ति-मूलक धार्मिक भावना का। उन्होंने वैष्णव पूत की अनन्त प्रशंसा की है। वैष्णव मत की सात्विकता से उनमें एक ऐसी प्रेरणा उत्पन्न हुई जो समस्त समाज का आदर्श बन सकती थी तथा टूटते-बिखरते भारतीय समाज के लिए वह संजीवनी सिद्ध हो सकती थी। रामानन्द के वैष्णव प्रभाव से उन्होंने तुच्छ और कुटिल वर्ण-व्यवस्था का डटकर विरोध किया। समाज में धर्म, वर्ण, वर्ग, जाति के नाम पर फैले अनाचार ने कबीर की चेतना को एक नयी दृष्टि दी, ये समतावादी मानव समाज के पुरोधा बनकर कर्मक्षेत्र में उतरे। इस आत्म-प्रेरणापूरित आत्म-ज्ञान की दृष्टि से जिस आत्म-वेग का प्रावल्य उनमें उमड़ा, वह रोके नहीं रुका और कबीर ने प्रेम तथा अहिंसा का महत्त्व समाज में उजागर किया। किन्तु वैष्णव धर्म की आडम्बरपूर्णता का कबीर ने विरोध किया। उसी समय 'कालदर्शी' भक्त कवि जनता के हृदय को सँभालने और लीन रखने के लिए दबी हुई भक्ति को जगाने लगे। क्रमशः भक्ति का प्रवाह ऐसा विस्तृत और प्रबल होता गया कि उसकी लपेट में अकेले हिन्दू जनता ही नहीं, देश में बसने वाले सहृदय मुसलमानों में से भी न जाने कितने आ गए। प्रेमस्वरूप ईश्वर को सामने लाकर भक्त कवियों ने हिन्दुओं और मुसलमानों दोनों को मनुष्य के सामान्य रूप में दिखाया और भेद-भाव के दृश्यों को हटाकर पीछे कर दिया।'[14] 'हृदय-पक्ष शून्य नाथपन्थी अन्तःसाधना का मार्ग असफल हो चुका था।' अतः

कबीर ने जिस प्रकार एक निराकार ईश्वर के लिए भारतीय वेदान्त का पल्ला पकड़ा उसी प्रकार उस निराकार ईश्वर की भक्ति के लिए सूफियों का प्रेमतत्व लिया और अपना 'निर्गुण पंथ' बड़ी धूमधाम से निकाला।'[15]

कबीर अपने प्रेरणा-रूप में तीन धाराओं को आत्मसात् कर सके। (1) उत्तर पूर्व में नाथ-पंथ और सहजयान का मिश्रित रूप, (2) पश्चिम का सूफी मतवाद, (3) दक्षिण का वेदान्तभावित वैष्णव धर्म। यह बात स्पष्ट ध्यान में रखनी चाहिए कि प्रभाव पड़ना और प्रेरणा ग्रहण करना, प्रेरित होना अलग-अलग बात है। प्रेरणा में हमारे आत्म-संस्कार कार्य करते हैं और प्रभाव अधिकतर बहिर्चिन्तन तक सीमित रह जाते हैं। कबीर के परिवार में योगियों की साधना-पद्धति प्रचलित थी। उन पर मुसलमानी प्रभाव कहना भी गलत होगा, उनमें सर्वत्र एक विरोधी प्रवृत्ति मिलती है। कबीरदास पहले योग की तरफ झुके थे फिर रामानन्द से सम्पर्क होने पर उन्होंने उसको त्याग दिया। दूसरी बात यह है कि दक्षिण से आने वाली भक्ति का मूल केन्द्रबिन्दु प्रेम था तथा राम और कृष्ण को अवतार मानकर, आराध्य मानकर भक्ति की एक जो नयी धारा प्रवाहित हुई, कबीर उससे दूर ही रहे किन्तु निर्गुण-सगुण समन्वित, लोकधर्म रूप में प्रचारित एक अभिनव साधना का आरम्भ हुआ। अतः उन्होंने भारतीय ब्रह्मवाद के साथ सूफियों के भावात्मक रहस्यवाद, हठयोगियों के साधनात्मक रहस्यवाद और वैष्णवों के अहिंसावाद तथा प्रपत्तिवाद का मेल कर अपना पंथ खड़ा किया।'[16] योगपरक निर्गुण उपासना सूफी मत के सम्पर्क से उत्पन्न हुई, वह ज्ञान-मार्ग से प्रेम-मार्ग की ओर उन्मुख हुई।

कबीर पहले की घड़ी-घड़ाई मान्यताओं और मूल्यों से असन्तुष्ट थे, उन्होंने नयी परिस्थितियों से प्रेरणा ग्रहण की, वे हिन्दू और मुसलमान दोनों की कट्टरता से नाराज थे, इसलिए कहा कि इन दोनों ने राह नहीं पाई, ये भटके हुए लोग हैं। उन्होंने इस्लाम के एकेश्वरवाद और वेदान्त की अद्वैत भावना को एक साथ गुम्फित कर दिया। दूसरी ओर कबीर नामदेव से सर्वाधिक प्रभावित थे, जब वे उत्तर भारत में आए थे तो उनके पद बड़े प्रसिद्ध हुए, उन पदों की भावुकता ने कबीर पर गहरा असर किया और वे नामदेव का नाम बड़ी श्रद्धा से लेने लगे। जैसे कबीर धर्म के बन्धनों के विरोधी थे, नामदेव भी वारकरी सम्प्रदाय की संकीर्णता सहन नहीं कर सके थे। इसी प्रकार धर्म-सहिष्णु हिन्दू और कट्टर एकेश्वरवादी मुसलमानों में संघर्ष बढ़ने लगा तब कबीर ने दोनों को समानता का मार्ग बताया—

'हिन्दू तुरक का करता एकै ता गति लखि न जाई॥'[17]

कबीर धर्म के नाम पर होते नैतिकता के पतन को सहन नहीं कर सकते

थे अतः उन्होंने सबके लिए एक सहज मार्ग का प्रवर्तन किया—

एक राम देख्या सबहिन में कहै कबीर मन माना।

× × ×

लोगा भरमि न भुलहु भाई।

खालिकु खलक खलक महि खालिकु पूर रह्यों सब ठाँई।[18]

विभिन्न धर्म-साधना पद्धतियों, भक्ति-साधना के विरोधों, वर्ण-वर्ग का द्वन्द्व तथा संघर्ष, ये सभी कबीर की आत्म-दृष्टि की समता के प्रेरणा-स्रोत बन गए। नाना मान्यताओं और विश्वासों ने एकता तथा समग्रता को नष्ट कर दिया था, कबीर की अध्यात्म प्रेरणा उनको एक चेतना-सूत्र में बाँधने में लग गई। शैव, शक्ति, वैष्णव में साम्प्रदायिक विरोध बढ़ने से कबीर ने उनका समुचित मूल्यांकन कर, वैष्णव मत को ही मान्यता दी और उस धर्म में निहित आत्म-साधना की प्रेरणा के आधारों को अपनाया।

इसी प्रकार विभिन्न संस्कृतियाँ अपना आधिपत्य स्थापित करने तथा प्रचार करने में संलग्न थीं, जिससे मनुष्य खंडित होता जा रहा था तथा किसी नव-चेतना के विस्फोट की आशंका होने लगी थी, लोग अपनी पुरानी लीक छोड़ना नहीं चाहते थे और कबीर उनको नयी धारा में ढालना चाहते थे। ये सब विरोधी परिस्थितियाँ कबीर के भावोद्वेग को बढ़ाने लगीं, कम नहीं कर सकीं। कबीर ने सभी पक्षों के श्रेष्ठ भावों, विचारों, भावनाओं, आदर्शों को ग्रहण किया, उनका परित्याग नहीं किया, वरन् उन्होंने संस्कृति के उच्चतम भावों और परिकल्पनाओं से अनुभव और साक्षात्कार के आधार पर ग्रहण की और उनकी अभिव्यक्ति उसी स्तर पर करने की चेष्टा भी की है।[19] समाज में एक आन्दोलन की भावना विकसित हो रही थी, भक्ति भी एक तीव्र गति वाले आन्दोलन के रूप में आई जिससे कबीर को प्रेरणा मिली, इसका कारण यह था कि, 'भक्तों को अचानक ईश्वर ने प्रेरित न किया था कि द्विज-शूद्र का भेद मिटाकर मनुष्यों को प्रेम के आधार पर संगठित करने लगें। उनका मानवतावाद जिन भौतिक परिस्थितियों की उपज था, उनकी मूल विशेषता थी—वर्ण-व्यवस्था का विघटन ? यह विघटन पुराने सामंती समाज के भीतर व्यापारिक पूंजीवाद के विकास का परिणाम था।'[20] कबीर सभी जातियों को इकट्ठा कर साधुओं का एक नया समाज बना रहे थे, हो सकता है वे अपने व्यवसाय (जुलाहों) के कारीगरों के प्रतिनिधि कवि भी हों। डॉ० नामवर सिंह ने शास्त्रीयता के विरोध में लोक-धर्म को प्रस्तुत किया है। इनके अनुसार लोक-धर्म ही भक्ति आन्दोलन की जन्म-भूमि है। प्रायः होता यह है कि जब साहित्य परम्परागत धारा को छोड़कर नयी मान्यताओं को अपना आधार बनाता है तो

वह कला की दृष्टि से उतना ही सुन्दर और समृद्ध होता जाता है। वर्तमान युग का मार्क्सवादी साहित्य इसका उदाहरण कहा जा सकता है। कबीर प्रभु वर्ग की संस्कृति के पक्षपाती नहीं थे, इसीलिए उन्होंने अपनी रचना के लिए कुछ नए आयाम खोज लिए और उनसे प्रेरणा प्राप्त कर साहित्य रचना की। स्थूल रूप से सारे हिन्दू-धर्म तथा अन्य साधना-पद्धतियों को वे ढकोसला मानते थे। कबीर में निरन्तर पनपती असन्तोष और विरोध की मनोवृत्ति उनके प्रेरणा-स्रोत का कार्य मुख्य रूप से कर रही थी।

अपने युग की धर्म, समाज, अर्थ, राजनीति सभी की शोचनीय और पतनोन्मुख परिस्थितियों ने भी संभवतः कबीर को प्रेरित किया था जिससे वे एक स्वस्थ जीवन-दृष्टि का सृजन करें। सभी धर्म, सम्प्रदायों में पनपते पाखंड, आडम्बर, शोषण, कुरीतियों ने भी उन्हें खिन्न किया होगा और तब उन्होंने तत्प्रचलित भक्ति और साधना के सभी मार्गों, जीवन-शैली को देखकर समाज की प्रवृत्ति और अभिरुचि को देखकर जो कुछ निर्णय किया होगा, उनके मन-मस्तिष्क में जो प्रतिक्रिया हुई होगी, वही उनका प्रेरणा-स्रोत हुआ होगा। इसके लिए लोकप्रिय भक्ति-भावना को उन्होंने अपना माध्यम बना लिया—

जब लग भाव भगति नहीं करिहौं, तब लग भव सार क्यूं तिरिहौं।

× × ×

भाव भगति बिसवास बिनु, कटे न संसै सूल।
कहै कबीर हरि भगति बिन, मुकति नहीं रे मूल ॥[21]

लोगों के क्षुद्र आचारों को देखकर कबीर को कहना पड़ा—

या का हम सूं कहो बिचारा, क्यूं भव तिरिहौं इंहि आचारा।
ए पाखंड जीव के भरमां, भांति अमांनि जीव के करमां।[22]

कबीर में अपने जुलाहा-जाति का होने से हीन भावना रहती थी, तत्कालीन वर्ण-व्यवस्था, जाति-पाँति का कालुष्य उनके हृदय को पीड़ा से मथता रहता था, ये उद्गार उन्होंने अनेक स्थल पर अभिव्यक्त किए हैं—

'जे नर जोग जुगति करि जानै, खोजै आप सरीर।
तिनकूं मुकति का ऐसा नाहीं कहत जुलाह कबीर।'[23]

जहां-जहां कबीर ने ऐसी उक्तियां कही हैं वहां कबीर उच्च वर्ग या जाति को बतला देना चाहते हैं कि ज्ञान प्राप्त होने पर कोई हीन, छोटा, क्षुद्र नहीं रहता। इसी प्रकार जहां-जहां उन्होंने मनुष्य में बढ़ती मन की चंचलता, लोभ, अभिमान, मोह, काम, मद, व्लाकुलता का उल्लेख किया है, वहीं वह यह बात भी स्पष्ट कर देना चाहते हैं कि इनसे सम्पन्न होने पर कोई भी मनुष्य समाज

में उच्च स्थान प्राप्त कर सकता है, कबीर इसी युक्ति द्वारा अपने समाज के लोगों को हीन-ग्रंथि की वेदना से मुक्ति का मार्ग बताते हैं। वे ब्राह्मण को भी इसलिए ललकारते हैं कि मैं जुलाहा हुआ तो क्या हुआ, हूँ तो ज्ञानी पुरुष। अत: तुम्हें मुझे हीन-दृष्टि से देखने का कोई अधिकार नहीं, अपने अधिकार और अस्तित्व के महत्त्व के प्रति सचेत होने से उनको यह प्रेरणा मिली कि मुझे समस्त समाज के सम्मुख आडम्बरावृत्त सत्य का उद्‌घाटन करना चाहिए। उनकी समस्या थी कि जिन्हें समाज ने नीचा सिद्ध कर दिया है उन्हें उच्च स्थान किस प्रकार दिलवाएँ, अत: सभी को आचार-विचार की कसौटी पर रख कर उन्हें अपना उचित स्थान प्राप्त करने का मार्ग बताया था।

वास्तव में कबीर पर विद्वानों द्वारा उल्लेखित प्रभाव तो किसी सीमा तक स्पष्ट है किन्तु उनके प्रेरणा-स्रोत तो उनमें ही प्रच्छन्न रूप में निहित हैं, उनके ब्रह्म की भांति वे भी अदृष्ट हैं और उनके निराकार होकर साकार होने का प्रयत्न उनकी वाणी द्वारा हुआ है—

'तेरा हरि नाँमै जुलाहा; मेरे राम रमण को लाहा' [24]

राम नाम कबीर की व्यष्टि-प्ररित समष्टि-भावना का भाव-स्रोत वन गया, उन्होंने डूबते संसार को देखकर कुछ उपाय करने का प्रयत्न किया—

'भौ बूड़त कछु उपाय करीजै, क्यूँ तिरि लंघै तीरा।
राम नाम लिखित भेरौं बांधो, कहै उपदेस कबीरा।

जो राम की भक्ति नहीं करता, जो नाम सुमिरन नहीं करता वह उनकी दृष्टि में घोर अपराधी है। उसने मनुष्य जन्म किस वास्ते लिया है, यह मानव जन्म दुर्लभ है, बार-बार नहीं मिलता, इसका जितना लाभ उठा सको उठा लो। मोक्ष और निज पद को प्राप्त करना मनुष्य का धर्म है। जो लोग हीन-भावना-ग्रस्त हैं वे ऊँचे नहीं हो सकते—

सुद्र मलेछ बसैं मन माँही, आतमराम सु चीन्हया नाहीं।
× × ×
ऊँच नीच सम सरिया, ताथैं जन कबीर निसतरिया।

अत: रामानन्द ने जिस राम नाम का सूत्र देकर उन्हें समाज में विषमता उत्पन्न करने वाली वर्ण-व्यवस्था के प्रति चेताया था, वही उनका मूल प्रेरणा-स्रोत था। प्रभु प्रेम और भक्ति से उनके हृदय में सदा आनन्द धारा बहती रहती थी, वे निर्मल से निर्मल होते जा रहे थे, उन्हें भवसागर में दोबारा आने का भय नहीं था, जब हृदय गगन में अनहद ध्वनि होती रहती थी, मन उच्चाकाश की ओर ऊर्ध्वमान रहता था, अपने और पराए को एक रूप में देखने का

ज्ञान प्राप्त हो गया था तब उस राम नाम की प्रेरणा को वह कैसे दूसरों तक नहीं पहुँचाते। जब हृदय में षोड्ष कमल पर कंवलापति को विराजमान देखा तो फिर प्रेरणा-भाव क्यों न उमड़ता। जब मनुष्य का हृदय इस प्रकार से आनन्द-रंजित हो जाता है, आनन्द-विभोर हो जाता है, तब वह अनायास ही उस प्रेरणा से लोक-मंगल की सिद्धि प्राप्त कर लेता है। आत्मज्ञानपूरित आत्मानन्द का रस ही उनकी प्रेरणा की धारा को अजस्र प्रवाहित करता रहा है। वह आत्म-दर्शन और सामाजिक चेतना के उन्नायक इसी भाव धारा के रस से बने। उनकी अभिव्यक्ति में निहित निजता ही उनको ऐसा प्रेरणा-स्फूर्त कलाकार वना सकी। निर्मभ व्यवस्था से उत्पन्न तनाव को उन्होंने माधुर्य में परिवर्तित कर, सभी को गुरु प्रदत्त ब्रह्म रसपान कराया है। विसंगति को दूर कर सुसंगत भावना का प्रसार उनको सदा प्रेरित करता रहा।

संदर्भ

1. विद्यानिवास मिश्र—साहित्य का प्रयोजन, पृ० 39
2. वही, पृ० 58-59
3. क० ग्र०, ग्यान विरह को अंग, साखी, 3-4
4. वही, गुरु सिषहेरा को अंग, साखी 5
5. निर्मला जैन—साहित्य का समाज शास्त्रीय चिन्तन, पृ० 101
6. वही, पृ० 106-107
7. क० ग्र० पद 310
8. वही, पद 162
9. वही, पद 318
10. डॉ० रामनिवास चंडक—कबीर जीवन और दर्शन, पृ० 23
11. क० ग्र० पद 5
12. वही, क० ग्र० पृ० 179 (दुपदी रमैनी)
13. वही, गुरुदेव का अंग, साखी 3
14. डॉ० रामविलास शर्मा (सं०) लोक—जागरण और हिन्दी साहित्य, पृ० 125-126
15. वही, पृ० 127
16. आचार्य शुक्ल—हिन्दी साहित्य का इतिहास, पृ० 94

17. क० ग्र० पद 58
18. पद 52 परिशिष्ट, पद 12
19. डॉ० ओमप्रकाश शर्मा—सन्त साहित्य की लौकिक पृष्ठभूमि, पृ० 312
20. डॉ० रामविलास शर्मा (सं०)—लोक जागरण और हिन्दी साहित्य, पृ० 70
21. क० ग्र० रमैणी, (चौपदी)
22. वही
23. वही, पद 317
24. वही, पद 288

कबीर की पौराणिकता

कबीर की भक्तों के प्रति श्रद्धा

कबीर की वाणी में बहुत-सी ऐसी बातें मिलती हैं जो परस्पर विरोधी होते हुए भी उनकी मुख्य विचारधारा को यथावत् वनाए रखती हैं, पाठक एक उलझन में पड़कर फिर बाद में महसूस करता है कि वास्तव में कबीर क्या कहना चाह रहे हैं। कबीर के वाणी प्रहार का विशेष लक्ष्य सभी धर्मों के बाह्याचार ही रहे हैं, उनमें भी विशेष रूप से हिन्दू धर्म का आचार वाहुल्य ही उनकी कटु आलोचना का निशाना बनता रहा है, ये सब वाह्याचार पौराणिक हैं किन्तु कबीर ने उतनी ही वहुलता से पौराणिक सगुण भाव का भी वर्णन किया है। उन्होंने न केवल पौराणिक सगुण भाव के भगवान् को आर्त्तस्वर से पुकारा है, वल्कि इसके साथ ही साथ उन्होंने पौराणिक भक्तों और साधकों का भी बड़ा श्रद्धा से स्मरण किया है।

भागवत् में वर्णन है—

त्व भावयोग परिभावित हृत्सरोज,
आस्से श्रुतेक्षित पथो ननु नाथ पुंसाम्।
यद यद्धिया त उरुगाय विभावयन्ति,
ततद् वपुः प्रणयते तद्नुग्रहाय ॥

अर्थात् हे विष्णो ! तुम पुरुषों के भक्तियोग से शोधित हृदय कमल में अभिव्यक्त होकर अवस्थित होते हो। तुम्हारा पथ अथवा स्वरूप स्थिति का परिचय एकमात्र वेद से ही अवगत होता है। अतएव भक्तवृन्द तुम्हारे जिस-जिस रूप को अपने मन में चिन्तन करते हैं, तुम उनके अनुग्रह के लिए उस-उस रूप से आविर्भूत होते हो। कबीर ने भी अपनी निर्गुण भावना के अनुरूप भगवान् के स्वरूप और चिन्तन का वर्णन किया है। वे कहते हैं—

अष्ट कंवल दल भीतरा, तहाँ श्रीरंग केलि कराइ रे।[1]

और फिर कहा—

'षोडस कंवल जब चेतिया, तब मिलि गये श्री बनवारि रे।'[2]

हृदय कमल में परम पुरुष की अवस्थिति की कल्पना बहुत पुरानी है, कबीर सम्भवतः इसी धारणा से प्रभावित होकर विष्णु रूप में कल्पित श्रीरंग और श्री वनवारि की बात कहते हैं। अपने व्यक्तिगत संस्कारों द्वारा अथवा किन्हीं अन्य प्रच्छन्न विचारों द्वारा कबीर विष्णु के रूप, उनके अवतार भाव नामों का उल्लेख करते ही रहते हैं। अपने गुरु स्वामी रामानन्द के आचरण और विचारों से प्रभावित होने के अतिरिक्त कबीर अवश्य ही वैष्णव धर्म के भक्तों की संगति में अधिक रहे होंगे। इसके अतिरिक्त भागवत् में पुनः कहा गया है—

'तान्येव तेऽभि रूपाणि रूपाणि भगवस्तव।
यानि यानि च रोचन्ते स्वजनानामरुपिणः॥'[3]

भगवान् अरूपी है, वास्तव में उनका कोई रूप नहीं है अर्थात् उनका स्वतः सिद्ध रूप नहीं है। परन्तु अपने भक्तों में जिसे जो रूप अच्छा लगता है, वही उनका रूप जानना चाहिए।

कबीर ने भागवत की मान्यता को माना है कि गुणातीत और निराकार स्वरूप ही भगवान् का परम रूप है, इस रूप की धारणा अत्यन्त कठिन है—

'जाके जात-गोत कछु नाहीं। महिमा बरनि न जाय मो पाहीं।
रूप-अरूप नहीं तेरा नाँव। बर्न-अबर्न नहीं तेहि ठाँव॥[4]

भागवत् पुराण और गीता में ब्रह्म का निर्गुण-सगुण दोनों रूपों का विवेचन हुआ है, कबीर की तत्कालीन मनोस्थिति ने इस सुविधा का लाभ अपने भक्ति-योग की दृष्टि से अवश्य उठाया होगा। कबीर की भक्ति विधि-विधानपूर्ण तथा बाह्याचारपरक नहीं थी, इसलिए वह उनके हृदय के भावुकतापूर्ण क्षणों की एक प्रवृत्ति बन गई, 'भक्ति चित्त का भावमय प्रकाश विशेष है।'[5]

'प्रगटी जोति कपाट खोलि दिए।'[6]

फिर भक्ति के भावातिरेक में वे कहते हैं—

'बिजली चमकै होइ आनंद। जिह पोड़े प्रभु बाल गुबिंदा।'[7]

वाल गोविन्द की कल्पना पौराणिक भावना है।

पौराणिकता में उपासना और ध्यान के क्षेत्र से निकलकर पूजा और अर्चना की स्थापना हो गई, जिसमें ईश्वर के अवतार उनके नाम, रूप, गुण, लीला

और धाम के चित्रण की प्रधानता थी जो समयानुसार निराकार, साकार, मूर्त-अमूर्त में परिवर्तित होती रही, 'यह पौराणिकता भी कबीर की पदावली में खुलकर खेल रही है।[8] कबीर ईश्वर के अवतारों में विश्वास नहीं करते, मूर्ति-पूजा में उनकी आस्था नहीं, उनका राम दशरथ के घर जन्म लेने वाला नहीं है, न उसने लंकाधिपति रावण को सताया है, न उसने देवकी के गर्भ से जन्म लिया, न ही यशोदा ने उसे गोद में लेकर खिलाया है, न उसने गोवर्धन पर्वत उठाया, न ग्वालों के साथ गाएँ चराता फिरा, न उसने वामन का रूप धारण कर बलि को छला, वह मत्स्य, कच्छप, गंडक, शालिग्राम, वाराह नहीं है, क्षत्रिय संहारक परशुराम भी वह नहीं है. इनना होते हुए भी कबीर पर पौराणिकता का सामान्य नहीं, असाधारण प्रभाव है। सम्भवतः इसका एक कारण उनका रामानन्द का शिष्य होना था, दूसरा कारण था भगवद् भक्ति के प्रचार के लिए पौराणिक शैली का प्रभविष्णु रूप।'[9]

सामान्यजन में आस्था, विश्वास और श्रद्धाभाव के साथ भक्तिभाव की अन्तःसलिला प्रवाहित करने के लिए शायद कबीरदास जी को इस शैली का सहारा लेना पड़ा हो। उनकी भाव भगति, प्रेमा भगति, सहज भगति में यह पद्धति बिल्कुल सही बैठती है, डॉ० मुंशीराम शर्मा के अनुसार कबीर ने इसी हेतु पौराणिकों द्वारा प्रस्तुत की हुई हरिनामावलि, भक्त कथाएँ तथा अवतार लीलाएँ ज्यों की त्यों ग्रहण कर ली हैं और उनका उद्देश्य ऐसा करने में जनता को भगवान् की ओर उन्मुख करना ही जान पड़ता है।[10] कबीर के युग में पौराणिक धर्म-दर्शन का बोलबाला था, निर्गुण काव्य का इतना अधिक मानसिक प्रभाव जनता पर उसमें रागात्मक के अभाव के कारण नहीं पड़ रहा था, दूसरे सामान्य जनता कीर्तन सत्संगति की अभ्यस्त थी, इसलिए उनके संस्कार पौराणिक भक्ति-विधान की ओर शीघ्र झुक जाते थे, कबीर इस तथ्य से अवगत थे, अपनी बात कहने के लिए उन्होंने लगभग हर पद्धति का कहीं अधिक, कहीं कम सहारा लिया है। आचार्य हजारी प्रसाद द्विवेदी ने लिखा है, 'जनता में सर्वाधिक प्रभाव हिन्दू मत या पौराणिक धर्म का था।'[11] कबीरदास ने इस धर्म में जहाँ-जहाँ कमी देखी, जो बात उन्हें खटकी, उसका डटकर विरोध किया, प्रत्याख्यान किया। ऐसा क्यों हुआ, यह बात बहस की हो सकती है।

कबीर की वाणी में पुराणसम्मत भगवान् के नाम तथा भक्तों का बड़ी श्रद्धा से वर्णन करते हुए उनके महत्त्व को बताने का प्रयत्न किया गया है, किन्तु साथ ही उसके प्रति अपने व्यक्तिगत निर्गुण भावना के विश्वास को भी स्पष्ट किया गया है, कबीर अपनी आस्था व्यक्त करते हुए कहते हैं—

'हरि को नाउँ तत त्रिलोक सार, लोलीन भये जे उतरे पार।'[12]

और फिर चेतावनी दी, वक्त और हालात को देखते हुए—

'विष्णु ध्यांन सनान करिरै, बाहरि अंग न धोई रे ।'[13]

जब सिकन्दर लोदी, काजी के कहने से उन्हें हाथ-पांव बँधवाकर हाथी से कुचलवा देना चाहता है, तब कबीर को भगवान् का स्मरण ऐसे ही आता है जैसे ग्राह द्वारा पकड़े जाने पर गज को सुदर्शन चक्रधारी भगवान् विष्णु का ध्यान आता है. वे अपनी रक्षा के लिए करुण स्वर में आर्तनाद करते हैं—

'राजा अंबरीक के कारणि, चक्र सुदरसन जारै ।'

इसलिए हे प्रभु, इस विपत्ति के समय में तुम मेरी भी रक्षा करो। भक्त संकट पड़ने पर सदैव ही भगवान् को पुकारता है, कबीर ने भी ऐसा ही किया—

'अहो मेरे गोब्यंद तुम्हारा जोर, काजी वकिबा हस्ती तोर ।'

भक्त प्रह्लाद को भी नृसिंह भगवान् का ध्यान इसी प्रकार आया था, जब उसका पिता हिरण्यकश्यप उसका वध करने का प्रयत्न करता है—कबीर ने इस पौराणिक भक्त की कथा को बड़ा महत्त्व दिया है—

'नाही छाड़ी बाबा राम नाम; मोहि और पढ़न सूं कौन काम ।
प्रह्लाद पधारे पढ़न साल, संग सखा लीये वहुत वाल ।।
मोहि कहा पढ़ाव आल जाल, मेरी पाटी मैं लिखि दे श्री गोपाल ।
तब सेनां मुरका कह्यौ जाइ, प्रह्लाद वंधायो बेगि आई ।।
तू राम कहन की छांडि बाँनि, वेगि छुड़ाऊँ मेरी कह्यो माँनि ।
मोहि कहा डरावै बार-बार, जिनि जल थल गिर कौकियो प्रहार ।
वाँधि मारि भावै देह जारि, जे हूँ राम छाड़ों तौं गुरहि गार ।।
तब काढ़ि खड्ग कोप्यौ रिसाइ, तोहि राखन हारौ मोहि वताई ।
खंभा में प्रकट्यौ गिलारि, हरनाकस मारयौ नख बिदारि ।।
महा पुरुष देवाधि देव, नरंस्यघ प्रकट कियौ भगति भेव ।
कहै कवीर कोई लहै न पार, प्रह्लाद ऊवारयो अनेक वार ।'[14]

यह भगवान् के प्रति सच्चे भक्ति भाव, दृढ़ विश्वास, आस्था, समर्पण, श्रद्धा के भाव का ही रूप है जिसे कवीर ने स्वीकार किया है। प्रह्लाद का उल्लेख फिर किया गया है—

'संत प्रह्लाद की पैंज जिन राखी हरनाखसु नख बिदरयो ।'[15]

फिर कहते हैं—

'राम जपौ जिय ऐसे ऐसे । ध्रुव प्रह्लाद जप्यो हरि जैसे ।'[16]

ध्रुव प्रह्लाद के भक्तचरित्र मानों कबीर के आदर्श बन गए हैं, कबीर पौराणिकता के प्रभाव द्वारा साधारण व्यक्ति में सच्ची भक्ति के लिए आस्था और विश्वास उत्पन्न कर देना अपना पुनीत कर्त्तव्य मानते हैं, कबीर इन्हीं पदों में राम नाम की सगुणपरक महिमा का उल्लेख भी करते हैं—

'कहु कबीर भजु सारिंगपानी। उरबार पार सब एकौ दानी।'[17]

पुनः कबीर भक्ति आनन्द में लीन होकर परम प्रभु की ऐसी कृपा का अनुभव कर अन्य भक्तों अजामिल और पतित गणिका तारा का उदाहरण देते हुए कहते हैं—

'राम सिमरि राम सिमरि राम सिमरि भाई।
× × ×
अजामल गज गनिका पतित कर्म कीने।
तेऊ उतरि पार परे राम नाम लीनें।'[18]

कबीर को पापियों के उद्धार का उपाय और सात्त्विक वृत्ति का प्रकाश सम्भवतः पौराणिक भाव मे ही दिखाई दिया, और यही सबसे सहज सुविधा-जनक था, मन्दिर में गए बिना, घर पर राम नाम लेने में क्या कठिनाई है। लेकिन यहाँ भी कबीर एक बात की ओर भक्तजन का ध्यान दिला देना आवश्यक समझते हैं—

'कथे वदै खुनै सब कोई, कथे न होई कीयें होई।'[19]

कबीर कर्मशील और व्यावहारिक व्यक्ति थे, विचार के साथ आचार और कथनी के साथ करनी की एकता को आवश्यक मानते थे, अन्यथा सब कुछ आडम्बर है, जब तक मन में उस भाव को सच्चे रूप से ग्रहण कर उस पर आचरण नहीं किया, सब मिथ्या है। इसका प्रमाण भी देते हैं, चूकते नहीं।

'सनक आनंद अन्त नहीं पाया। वेद पढ़े पाढ़ि ब्रह्मे जनम मंगवाया।'[20]

'पोथी पढ़ पढ़ जगमुआ' कबीर की इस उक्ति का यहाँ सार्थक, सटीक भाव प्रस्तुत किया गया है। फिर सारी वात को दोबारा और अधिक स्पष्ट करते हैं—

'सनक सनद महेसु समागा। सेषनाग तेरी मर्म न जाना।
संत संगति राम रिदै बसाई।
हनुमान सरि गरुड़ समाना। सुरपति नरपति नहिं गुन जाना।
चारि वेद अरु सिमृति पुराना। कमलापति कमल नहिं जाना।
कह कबीर सो धरमै नाहीं। पग लगि राम रहें सरनाही।'[21]

कबीर ने यहाँ पर पौराणिक मान्यता प्रदत्त सत्संगति और शरणागत भाव का महत्त्व बताया है। सनक, सन्दन, शिव जैसे परम ज्ञानी, शेषनाग जिस पर विष्णु शयन करते हैं, हनुमान जिनके हृदय में राम का निवास है, इन्द्र और राजा लोग, चारों वेद, स्वयं विष्णु की नाभि का कमल, उसके सत्य को विना सच्चे भक्ति भाव और सात्विकता के नहीं जान सके तब जो लोग आजकल आडम्बर जाल फैला रहे हैं वे किस भरोसे पर भगवान् को जानने का दम भरते हैं। कबीर भक्ति और भगवान् के पौराणिक महत्त्व को जानते थे तथा उसे पूर्ण महत्त्व देते थे। डॉ० रामनिवास चंडक लिखते हैं, 'कबीर ने केवल 'राम' नाम को ही महत्त्व नहीं दिया है अपितु भारतीय जनमान में चिरकाल से प्रतिष्ठित उन सभी नामों को आत्ममात् किया है जो नाना संप्रदायों में प्रचलित थे।'[22] कबीर परमानंद सुधा का पान करना जीवन का ईप्सिततमध्येय मानते थे। कबीर ने अपने ब्रह्म के अनेक नामों राम, कृष्ण, विष्णु, भगवान् हरि, गोब्यंद, गोपाल, केशव, कमलाकांत, कान्ह, मदनमोहन, बीठुल, श्रीरंग, बनवारी, दामोदर, शालिग्राम, गोपीनाथ, चतुर्भुज, मुकुंद, माधव, नारायण, जगन्नाथ, मुरारी, पंचानन, श्री मुरारि, शांर्ङ्ग पाणि का उल्लेख किया है—

'कृसन कृपाल कबीर कहि इम प्रतिपालन क्यों करे।
× × ×
हरि मोर पीव भाई, हरि मेरा पीव।
× × ×
गोयब्दें तुम्ह थैं डरपौं भारी
× × ×
रामदेव मौरे पाहुनैं आये मैं जोवन में माती।
× × ×
काया मधे कंवलापति, कायां मधे बैकुंठवासी।
× × ×
माधौ मैं ऐसा अपराधी, तेरी भगति होत नहीं साधी
× × ×
रामराइ कासनि करौं पुकारा, ऐसे तुम्ह साहिब जाननिहारा।
× × ×
ताथैं सेविचे नारांइणा प्रभू मेरो दीन दयाल दया करुणां।
× × ×
च्यंतामणि चित चोरियो, ताथैं कछू न सुहाई।
× × ×
माधौ कब करिहौ दाया।'

कबीर में पौराणिक नामों का प्रयोग बहुत सहज रूप से हुआ है, वह ब्रह्म तीनों लोकों का सार है, उसका चरित्र आनन्दमय है, वह आनन्दकंद है, वह

सच्चिदानन्द है, गोकुल नाइक बीडुला से कबीर का मन लग गया है, कबीर उसके विरह में पीड़ित हैं किन्तु वह प्रियतम बहुत दिनों बाद मिला; जब उससे मिलन होता है तो काया और माया का शोक समाप्त हो जाता है। उसके चरण कमल के अतिरिक्त इनका मन और कहीं नहीं लगता, उससे मिलने पर जन्म-मरण का चक्कर समाप्त हो जाता है। कबीर की जिह्वा पर तो बस विष्णु का नाम रहता है, उनके नेत्रों में नारायण बसते हैं, हृदय गोविंदा का जप करता है, मुकंदा की ही शरण है। उस स्नेही राजा राम की साक्षी वेद पुराण देते हैं—

'वेद पुरान कहत जाकी साखी।[23]

× × ×

निगम जाकी साखि बोले, कहै संत सुजान।'[24]

शास्त्रों में, पुराणों में जिसका प्रमाण मिलता है, कबीर ऐसे हरि का भजन करते हैं, संत ज्ञानी उनका गुणगान करते हैं। कबीर ऐसे भगवान की शरण में हैं, कृपा कर वे कबीर की रक्षा करें। इस प्रकार कबीर ने स्पष्ट रूप से वेद पुराण की साक्षी, उनके प्रति आस्था, श्रद्धा का वर्णन किया है। भारतीय धर्म भावना में संस्कृति और जन-सामान्य में पुराणों का महत्त्वपूर्ण स्थान, संस्कार बोध और तत्व चिन्तन की दृष्टि से रहा है, इस बात का महत्त्व बताते हुए वाचस्पति गैरोला लिखते हैं, पुराणों का इसलिए विशेष महत्त्व है कि उन्हें जन-सामान्य के लिए लिखा गया था। वेदों के गम्भीर मर्म को, ब्राह्मण ग्रंथों की जटिल यज्ञ-विधियों को और उपनिषदों के तत्व-चिन्तन को आख्यान-उपाख्यानों द्वारा सर्वसामान्य के लिए सरल भाषा में सुगम या बोधगम्य कराना ही पुराण-कारों का विशेषलब्ध था। '......भारत की धर्म-प्राण जनता की आस्थाओं एवं निष्ठाओं के अनुरूप पुराणों में मूर्ति-पूजा और अवतारवाद का विशद वर्णन हुआ है।......पुराणों का बहुदेवतावाद वस्तुतः परम्परागत वैदिकों और अवैदिकों की बहुविध आस्थाओं का परिणाम है।......इसी प्रकार वेदों की सकाम आराधना ने ही पुराणों की भक्ति-भावना को जन्म दिया।'[25] वास्तव में वेदों का ज्ञान पुराणों के रूप में मुनि-महात्माओं द्वारा प्रस्तुत किया गया है।

कबीर युगीन समाज में पौराणिक विषय कथा, पूजा, अर्चना, कीर्तन आदि समाज में बहुप्रचलित थे, इसलिए इनके काव्य में उन तत्वों का समावेश जनरुचि बनाए रखने के लिए हो जाना स्वाभाविक ही था। यही कारण है कि कबीर ने अपने निर्गुण-ब्रह्म के अतिरिक्त सगुण भक्ति तत्व और भगवान् के नामों का वर्णन भी किया। इन देवताओं अथवा अवतारों के प्रति आस्था रखने वाले भक्तों के नाम भी इसी भावना के कारण लिए गए हैं।

कबीर के भक्ति, धर्म, दर्शन और व्यावहारिक सिद्धान्तों का प्रतिपाद्य था मोक्ष प्राप्ति, समदृष्टि, उनकी इस धारणा को पुराण की विचारधारा से सम्भवतः बल मिला हो और कबीर ने इनका उपयोग इसी दृष्टि से किया हो। कबीर ने एक स्थान पर कहा है—

'है हरि भजन कौ प्रवांन । नीच पांवे ऊँच पदवी, बाजते नीसान ।।
भजन कौ प्रताप ऐसो, तिरे जल पाषान ।
अधम भील अजाति गनिका, चढ़े जात विवांन ।।
नव लख तारा चले मंडल, ससिहर भांन ।
दास ध्रू कौ अटल पदवी, राम को दीवाँन ।।
निगम जाकी साखी बोलैं, कहे संत सुजाँन ।
जन कबीर तेरी सरन आयौ, राखि लेहु भगवान ।।'[26]

पुराण भगवान् के प्रति आस्था, श्रद्धा उत्पन्न करते हैं, उनके प्रति समर्पण की भावना को बढ़ाते हैं, कबीर ने भजन का प्रमाण यही माना है कि इसके द्वारा नीच लोग भी ऊँचा स्थान प्राप्त कर सकते हैं, पत्थर भी जल में तैर जाते हैं तब मनुष्य को तो अवश्य ही मुक्ति-लाभ होगा, अधम भीलनी शबरी और समाजच्युत तारा वेश्या भी भजन की महिमा द्वारा स्वर्ग को प्राप्त करते हैं। इसीलिए कबीर ने भक्तों के आदर्श चरित्र द्वारा, उनकी कथा द्वारा सामान्यजन के हृदय में भक्ति के प्रति विश्वास उत्पन्न करने का प्रयास किया था। डॉ० वाचस्पति गैरोला पुराणों की इस देन के विषय में लिखते हैं—'पुराणों की नयी धर्म संहिता ने परम्परागत भेद-बुद्धि के कारण शूद्रों, स्त्रियों, पतितों तथा दासों के वर्ग-विभेद को मिटाकर एक ऐसे उदात्त धर्म की स्थापना की, जिसमें किसी प्रकार का भेदभाव नहीं था और जिस पर चलकर सर्व-सामान्य अपना स्वतंत्र विकास कर सकता था। पुराणों की संस्कृति इस रूप में श्रेष्ठ एवं वरणीय है कि उसमें व्यक्ति स्वातंत्र्य पर बल दिया गया है और जातीय श्रेष्ठता एवं कुल की उच्चता की अपेक्षा योग्यता, बुद्धि तथा कार्यक्षमता के आधार पर प्रगति करने की स्वतंत्रता प्रदान की गयी है।'[27] कबीर की समाज-धर्म चेतना का लक्ष्य भी यही था, अतः आदि कबीर पर पुराणों का प्रभाव पाया जाय तो कोई विशेष आश्चर्य की बात नहीं है।

जनसाधारण में भक्ति-चेतना और सामाजिक नैतिक उत्थान को ध्यान में रखकर कबीर ने पौराणिक देवताओं के नाम के अतिरिक्त, पौराणिक भक्तों का बड़ी श्रद्धा-भावना से गुण-कीर्तन करते हुए उनके सुन्दर सात्विक जीवन के आदर्श को प्रस्तुत किया है। इसका इतना गहरा मानसिक प्रभाव पड़ा था कि संत कवियों के बाद पल्लवित होने वाली सगुण भक्ति का बहुत ही व्यापक

प्रचार हुआ, कबीर ने अपने पौराणिक भावों को भक्तों के माध्यम से प्रस्तुत किया है—

'ता मन कौ खोजुहु रे भाई, तन छूटे मन कहाँ समाई ॥
सनक सनदन जै देव नाँमी, भगति करी मन उनहुँ न जानी ।
सिव बिरंचि नारद मुनि ग्यानी, मन का गति उनहूँ नहीं जानीं ।
ध्रू प्रहिलाद बभीषन सेषा, तन भीतर मन उनहुं न देषा ।
ता मन का कोई जानै भेव, रंचक लीन भया सुषदेव ॥
गोरष भरथरी गोपीचंदा, ता मन सौं मिलि करै अनंदा ।
अकल निरंजन सकल सरीरा ता मन सौं मिलि रहा कबीरा ॥'[28]

'सिव सनकादिक नारदा, ब्रह्मलिया निज बास जी ।
कहे कबीर पद पकंज्या, अष नेग चरण निवास जी ॥'[29]

कबीर को सभी वैष्णव भक्तों तथा योगी-साधकों के विषय में ज्ञान था । अतः वे भक्तों को प्रेरित करते हुए वे मूलतत्व को खोजने के लिए कहते हैं—

'राजा अबंरीक के कारणि, चक्र सुदरसन जारै ।
दास कबीर कौ ठाकुर ऐसौ, भगत की सरन उबारै ।'[30]

भगवान् विष्णु भक्तों पर अनुग्रह करते हैं, राजा अम्बरी की कथा इसका प्रमाण है । भगवान् कृपालु और भक्तवत्सल हैं—

'तुम्ह कृपाल दयाल दमादर, भगत वच्छल भौ हारी ।'

कवीर भक्ति विह्वल होकर माधौं से अपने दारुण दुःख की व्यथा कहते हैं, वे वारम्बार सनक सनन्दन, शिव, शुकदेव की भक्ति भावना का वर्णन करते हैं ।[31] ऐसे ही भक्तों का उत्साहपूर्ण उल्लेख करके अन्यजन को भी भगवान् से गुहार कर उनकी शरण में जाने के लिए प्रेरित करते हैं, क्योंकि वे गोविन्द अवश्य ही भक्तों का उद्धार करते हैं— वे भक्त को आश्वासन देते हैं कि पापों से तेरी मुक्ति अवश्य ही होगी—

'तू करी डर क्यूं न करै गुहारि; तूं बिन पंचाननि श्री मुरारि ॥
तन भीतर बसै मदन चोर, तिनि सरबस लीनौ छोर मोर ।
मागै देइ न बिन मान ताकि मारैं रिदा में काम बान ॥
मैं किहि गुहरांउं आप लागि, तू करी डर बड़े-बड़े गये हैं भागि ।
ब्रह्मा विष्णु अरु सुर मयंक, किहि किहि नहीं लागा कलंक ॥

जप तप संजम सुनि ध्यान, बनि परे सब सहित ग्यांन।
कहि कबीर उबरै द्वै तीनि, जा परि गोविंद कृपा कीन्ह ॥'[32]

केवल सच्ची भक्ति भावना से ही भक्त का उद्धार हो सकता है, प्रभु के प्रति सात्विक भक्ति-रति ही हमारा कल्याण कर सकती है। कलियुग में भगवान् की भक्ति ही मनुष्य के उद्धार का एक मात्र साधन है—

'जागै सुक ऊधव अकूर, हणवतं जागे ले लंगूर।
संकर जागै चरन सेव, कलि जागे नामां जेदेव ॥'[33]

भक्ति-भावना के मधुर प्रवाह में कबीर भगवान् की आरती भी करते हैं, जो पौराणिकता का महत्त्वपूर्ण प्रभाव सिद्ध करती है—

'ऐसी आरती त्रिभुवन तारै, तेज पुंज तहां प्रांन उतारै।
पाती पंच पहुप करि पूजा, देव निरंजन और न दूजा ॥
तन मन सीस समरपन कीन्हां, प्रकट जोति तहां आतमलीनां ॥
दीपक ग्यान सबद धुनि घंटा, पर पुरिष तहाँ देव अनंता।
परम प्रकाश सकल उजियारा, कहैं कबीर मैं दास तुम्हारा।'[34]

फिर भक्तों ने किस प्रकार भगवान की भक्ति की है तथा पुण्यफल प्राप्त किया, इस भाव से भी वे हमें परिचित कराते हैं।

कबीर कहते हैं, 'भगवान् के चरण-कमलों का भजन करो, वे परम सुन्दर, मनोहर और देव शिरोमणि हैं, नैन और बानी से राम का भजन ही पापों के पर्वत का भी उन्मूलन कर देता है, सांसारिक संताप तुरन्त दूर हो जाते हैं, इसलिए परमानन्द के स्रोत, गोविन्द का भजन करने में ही भक्त का कल्याण है।'[35] संत कबीर को पौराणिक गाथाओं का ज्ञान था···पर उनके सामने तो समाज था जिसका उद्धार करना उनका प्रमुख उद्देश्य था। पौराणिक कथाओं का उद्देश्य भी भक्तों का भक्ति द्वारा उद्धार करना ही था। कबीर ने पौराणिक कथाओं का उतमोत्तम प्रयोग करने का प्रयास किया है।

पौराणिकता का सबसे बड़ा और व्यापक प्रभाव हरिलीला में निहित हैं पुराणों के अनुसार यह लीला सृष्टि के सृजन-पालन और संहार में परिलक्षित होती है। वास्तव में लीला भक्ति तत्व का रहस्य है, पुराणों में इन्हीं लीलाओं का जनरंजन और उपदेश की दृष्टि से चरितांकन हुआ है। 'लीला भारतीय भक्तों की सबसे ऊँची कल्पना है।'[36] इसी लीला भाव के कारण कबीर का अगम्य, अनिर्वचनीय, गूंगे का गुड़, ब्रह्म निराकार से साकार में परिवर्तित होने लगता है, भक्ति का साहित्य-प्रेम के आधार पर ही निर्मित होता है—

'सत गुरु दरस होय जब भाई,
वह दे तुमको प्रेम चिताई,
सकल जगत में संत की नगरी
चित्त भुलावै बांकी डगरी,
सो पहुंच चाले बिन पगरी
ऐसा खेल अपार है।
लीला सुक्ख अनन्त वहाँ की
जहाँ रास विलास अपारा है,
गहन तजन छूटे यह पाई
फिर नहिं पाना सताना है ।।'[37]

हमारे हृदय में एक विराट संसार निर्मित है, लीला की भाँति नित्य, सतत उसका रूप-परिवर्तन होता रहता है, हम इस हृदय की विचित्र नटलीला से स्वयं आश्चर्यविमूढ़ होकर मूक हो जाते हैं—

'पिय को रूप कहाँ लगि बरनो,
रूपहिं मांहि समानी।
जो रंग रंगे सकल छवि छाके
तन-मन सबहि भुलानी।'[38]

'यह है लीला। इसका रहस्य समझना कठिन है, क्योंकि यह रहस्य का समाधान है। समाधान का समाधान कैसा? भक्त का दावा है कि यह अनुभव से पायी जाती है। लीला ही लीला का मार्ग है। लीला ही साधन है, लीला ही साध्य है।'[39] लीला मौज है, मस्ती है, छौल है, आनन्द है, भक्त भगवदानन्द की लीला में ही वास करता है। कबीर तो लीला के दरियाव में ब्रह्म के साथ नित किल्लोल करते हैं—

'करत कल्लोल दरियाव के बीच में
ब्रह्म की छोल में हंस झूलैं।
× × ×
सदा आनन्द दुख दन्द व्यापै नहीं,
पूरानानन्द भरपूर देखा ।।'[40]

आनन्द का दरिया वह रहा है, संत जन ब्रह्म की लीला का रसपान करते रास में लीन होकर, पूरानन्द का भरपूर मजा ले रहे हैं। पुराण वर्णित लीला का आनन्द और मस्ती अथाह है, असीम है, अपने प्रियतम की रूपराशि पर

कबीर मुग्ध हैं वह कोटि कन्दर्पों को लज्जित करने वाला है, वह अनन्त विराट रूप है कोटि देवी, देवता, ब्रह्मा, विष्णु, महेश, सूर्यचन्द्र तारकगण, कोटि इन्द्र, कुबेर, लक्ष्मी, वासुकि, समुद्र, सभी उसके सामने, उसके विराट रूप के सम्मुख तुच्छ प्रतीत होते हैं, पुराण में भगवान् के विराट रूप का वर्णन बड़ी लगन के साथ मुनियों और सन्तों ने किया है। कबीर ने भी उस परम असीम विराट का सम्भवतः पुराणकारों की भाँति ही भव्य और ऐश्वर्यपूर्ण वर्णन किया है—

'जाकैं सूरिज कोटि करैं परकास, कोटि महादेव गिरिकविलास
ब्रह्मा कोटि वेद ऊचरैं, दुर्गा कोटि जाकैं मरदन करैं !'[41]

ऋग्वेद और भागवत पुराण में इसी प्रकार का वर्णन है, कबीर उसकी अनन्तता का वर्णन करके भावविभोर हो रहे हैं—

'लट छूटी खेलैं बिकराल, अनंत कला नटवर गोपाल।'[42]

पुराणों के प्रभाव से ही कबीर ने अपने निर्गुण ब्रह्म में परिलक्षित सगुण तत्त्व और उसकी लीला का अत्यन्त आह्लादकारी, रोमांचक, भव्य, ऐश्वर्य लीलामय मुग्ध कर देने वाला वर्णन किया है—

'लीला करि करि भेख फिरावा, ओट वहुत कछु कहत न आवा॥'

फिर कहते हैं—

'नट वहु रूप खेलै सव जानै, कला केर गुन ठाकु मांनै।
ओ खेले सव कही घट मांहि, दूसर कै लेखे कछु नाहीं॥'[43]

उसकी लीला अजीब है, वह नट की भाँति खेल खेलता है—भक्त दर्शक उसकी कला को समझ नहीं पाता, वह मूक बना निर्मिमेष तकता रहता है, उसका पसारा सकल संसार में है, फिर उसके पसारे को, कैसे सिमेटा जाए, समझा जाए, वह चतुर कलाकार की भाँति अनन्त रूप धारण कर हमें भ्रम में डाल देता है।

कबीर ने पुराण प्राप्त श्रेष्ठ उपादानों और धारणाओं को ही ग्रहण किया है जो अनन्तः उनके निर्गुण ब्रह्म में ही जाकर समाविष्ट हो जाती है। उन्होंने पुराण वर्णित ब्रह्म के निर्गुण रूप के रहस्य, अनन्त रूपसौन्दर्य, असीम विराटता, सर्वव्यापकता के साथ चित्त की शुद्धि, विचारों की सात्त्विकता, विकारों और वासनाओं का परित्याग, महिमा वर्णन, सत्संगति, सच्चिदानन्द भावना, परमपूर्णता को अपनाकर, भारतीय जनता की कोमल भावनाओं और ईश्वरीय-कल्पना की धारणा की रक्षा की है।

संदर्भ

1. क० ग्र०, पद 4
2. वही, पद 5
3. भागवत् 3।24।31
4. द्विवेदी-कबीर, पद 81
5. म० म० गोपीनाथ कविराज—भारतीय संस्कृति और साधना, पृ० 184
6. क० ग्र०, पद 267
7. ,, ,, पद 16 (रमेणी, परिशिष्ट)
8. डॉ० मुंशीराम शर्मा—भक्ति का विकास, पृ० 373-74
9. वही, पृ० 374
10. वही,
11. हजारीप्रसाद द्विवेदी, कबीर, पृ० 116
12. क० ग्र०, पद 280
13. वही, पद 391
14. वही, पद 365
15. वही, पद 379
16. वही, परिशिष्ट पदावली, 129
17. वही, ,, ,, 179
18. वही, ,, ,, 180
19. वही, ,, ,, 201
20. वही, ,, परिशिष्ट 201
21. वही, ,, ,, 202
22. डॉ० रामनिवास चंडक—कबीर जीवन दर्शन, पृ० 17
23. ग्रन्थ साहब, पृ० 57
24. क० ग्र०, 117, 112, 171, 191, 102, 248, 302, 308
25. क० ग्र०, पद 283
26. क० ग्र०, पद 301
27. वाचस्पति गैराला—भारतीय, संस्कृति और कला, पृ० 198-199
28. क० ग्र०, पद 301
29. वाचस्पति गैरोला—भारतीय संस्कृति और कला, पृ० 201
30. क० ग्र०, पदावली 33
31. वही, ,, 30
32. वही, ,, 122, 191

33. वही, ,, 384
34. वही, ,, 385
35. वही, ,, 387
36. वही, ,, 403
37. हजारीप्रसाद द्विवेदी—मध्यकालीन धर्म साधना, पृ० 142
38. कबीर, पदावली 76
39. कबीर, शब्दावली 22, पृ० 15
40. कबीर, पृ० 155
41. शब्दावली, पृ० 104
42. क० ग्र०, पदावली, 340
43. ,, रमैंड़ी बड़ी अष्टपदी रमैंणी

कबीर की वैष्णव-भावना

कबीर के युग में वैष्णव, शैव, शाक्त तथा तांत्रिक सम्प्रदायों का व्यापक प्रभाव फैला हुआ था। इनमें कबीर ने वैष्णव मत को ही अधिक मान्यता दी है तथा उससे उनकी सन्त-चेतना प्रभावित भी हुई। उन्होंने अन्य सभी मतों की निन्दा तथा आलोचना करते हुए केवल वैष्णव भक्त को ही अपना प्रिय माना तथा बार-बार उसकी प्रशंसा भी की है। वे भक्तजनों को भागवत भक्ति तथा सात्विक भक्ति का पालन करने की प्रेरणा देते हैं।

अनेकों विद्वानों ने इस ओर संकेत किया है कि कबीर वैष्णव सम्प्रदाय की ओर आकृष्ट हुए, डॉ० केदारनाथ द्विवेदी लिखते हैं, 'अन्त: साक्ष्य के आधार पर हम कह सकते हैं कि कबीर को सबसे अधिक रामानन्दी वैष्णव सम्प्रदाय ने अपनी ओर आकृष्ट किया था। यह सत्य है कि वैष्णव महात्माओं के सात्विक गुणों के कारण कबीर ने उनकी भूरि-भूरि प्रशंसा की है, किन्तु रामानन्दी महात्माओं के प्रति कबीर के हृदय में विशेष श्रद्धा-भाव का कारण यह भी हो सकता है कि सम्भवत: वे रामानन्द के ही शिष्य रहे हैं।'[1]

वैसे विद्वानों का अधिकतर झुकाव इस धारणा की ओर ही है कि कबीर रामानन्द के शिष्य थे। इसका संकेत देते उर्वशी सूरती ने लिखा है—'कबीर को जन्म से प्राप्त वैष्णवता का बीज अपने गुरु रामानन्द के प्रभाव से मिला था जो सत्संग के वातावरण में पल्लवित, पुष्पित और फलित हुआ।'[2] कबीर अपना संगी-मित्र दो को ही मानते हैं—

'मेरे संगी दोई जणां एक वैष्णों एक राम।
वो है दाता मुकति का, वो सुमिरावै नाम॥'[3]

आचार्य विश्वनाथ प्रसाद मिश्र ने कबीर पर वैष्णवता का प्रभाव स्वीकार किया है,[4] आचार्य परशुराम चतुर्वेदी ने कबीर की वैष्णवता का प्रतिपादन करते हुए लिखा है, 'परन्तु कबीर साहब द्वारा प्रचलित किये गये मत के साथ न्यूनाधिक साम्य होने के कारण वे कभी वैष्णवों की ही श्रेणी में गिने गये, उनका

परमात्मा के लिए प्रधानतः 'राम' नाम को स्वीकार करना, अहिंसा एवं संयत जीवन को महत्व देना तथा एकांतिक भक्ति को ही मोक्ष का श्रेष्ठ साधन मान कर नाम-स्मरण में सदा प्रवृत रहा करना ऐसी बातें थी, जो अन्य वैष्णवों के भी अनुकूल थीं।'[5] वे पुनः इस प्रसंग में लिखते हैं—'कबीर साहित्य के अध्ययन से पता चलता है कि उसके रचयिता का सबसे अधिक आकर्षण वैष्णव समाज एवं योगी समाज के प्रति है। कबीर साहब न केवल वैष्णव धर्म तथा उसकी भक्ति साधना का समर्थन करते जान पड़ते हैं, अपितु उनके अनेक पारिभाषिक शब्दों तक के प्रयोग प्रायः ज्यों-का-त्यों किया करते हैं तथा उनके अनुयायियों की पौराणिक गाथाओं से भी उनका पूर्ण परिचय था।'[6]

डॉ० श्यामसुन्दर दास ने कबीर के निर्गुण मार्ग को शुद्ध ज्ञान मार्ग न मानकर भक्ति के सगुण तत्त्व से प्रभावित माना तथा उन्हें निर्गुण में भी गुणों का आरोप करना पड़ा है।[7] आचार्य हजारीप्रसाद द्विवेदी ने इस तथ्य का विश्लेषण करते हुए लिखा है, 'भक्ति के लिए केवल एक ही बात आवश्यक है, अनन्यभाव से भगवान् की शरणागति, अहैतुकी प्रेम, बिना शर्त आत्मसमर्पण। कबीरदास में इन बातों की चरमपरिणति हुई है।'[8] डॉ० गणपतिचन्द्र गुप्त के अनुसार 'वस्तुतः कबीर ने जैसी श्रद्धा वैष्णवों के प्रति व्यक्त की है, वैसी उन्होंने अपने युग के अन्य किसी भी सम्प्रदाय के प्रति व्यक्त नहीं की है।'[9] यद्यपि आचार्य शुक्ल इन्हें वैष्णव सम्प्रदाय के अन्तर्गत नहीं स्वीकार करते तथापि यह मानते हैं कि इन पर वैष्णव साधना का भी बहुत प्रभाव दिखाई पड़ता है। वैष्णव सम्प्रदाय से उन्होंने अहिंसा का तत्त्व ग्रहण किया।'[10] डॉ० भुवनेश्वरनाथ मिश्र माधव ने उनके मूलतः वैष्णव सम्प्रदाय होने की बात कही है। कबीरदास मूलतः वैष्णव सम्प्रदाय में दीक्षित थे, परन्तु युग की आवश्यक माँग तथा चित्त के 'शुद्ध संस्कार ने उन्हें निर्गुण साधना में प्रवृत्त कर दिया।'[11] कबीरदास किसी भी सगुणोपासक वैष्णव से कम राम नाम की महिमा नहीं कहते हैं; वैष्णवों की तरह ही वे जगह-जगह पौराणिक आख्यानों की सहायता लेकर नाम-महिमा की स्थापना करते हैं।'[12]

'मन रे राम सुमिरि, राम सुमिरि, राम सुमिरि भाई।
राम नाम सुमिरन बिने, बूड़त है अधिकाई॥
दारा सुत गेह नेह, संपति अधिकाई।
यामैं कहु नाहिं तेरी, काल अवधि आई॥
अजमेल गज गनिका, पतित कर कीन्हीं।
तेऊ उतारि पारि गयै, राम नाम लीन्ही।
स्वांन सूकर काग कीन्हों, तऊ लाज न आई॥

राम नाम अमृत छाड़ि, काहे विष खाई ।।
तजि भरम करम विधि नरवेद, राम नाम लेही ।।
जन कबीर गुर प्रसादि, राम करि सनेही ।।'[13]

वैष्णव भागवत भावना में कबीर उनकी सात्विकी प्रकृति और श्रद्धाभाव के प्रति आकर्षित हुए । उनका युग कपट, छल, मद, मत्सर, विकारों से आमूलचूल पीड़ित था, कबीर को अन्य सम्प्रदायों की अपेक्षा अपने अनुरूप गुण और नैतिक आचार-विचार केवल वैष्णवों में ही दृष्टिगोचर हुए अतः वे इस भक्ति मार्ग की ओर अधिक अनुरक्त हुए । वैष्णव धर्म में अहिंसा, प्रेम, प्रपत्ति के महान गुण थे । ये सभी कबीर के समय में व्यक्ति, समाज, धर्म, राजा में से लुप्त होते जा रहे थे, इसलिए कबीर ने इनको अपनी साधना और भक्ति-भावना के लिए आवश्यक माना । कबीरदास जी की वैष्णवता पर सबसे अधिक प्रभाव पड़ा था अहिंसा का । उस युग में हिंसा की भयानक-प्रवृत्ति एक व्याधि बन गई थी । वेदों में अहिंसा को परम धर्म माना गया है । महात्मा कबीरदास पर अहिंसा-मूलक वैष्णवता का प्रभाव बताते हुए आचार्य विश्वनाथ प्रसाद मिश्र कहते हैं, 'कबीर साहब केवल हिन्दुओं और मुसलमानों के ऐक्य-प्रतिपादन तक ही नहीं रहे । उन्होंने भूतदया का प्रचार किया । वेद के 'मा हिंस्यात सर्वाभूतानि' के सिद्धान्त को उन्होंने व्यावहारिक जीवन में लाने का उपदेश दिया—

'सब घटि एक एक करि जाने, भौ दूजा करि मारै ।'[14]

कबीर ने भूतदया की भावना का प्रचार-प्रसार किया । भागवत धर्म में प्रतिपादित अहिंसा की भावना उनके काव्य में सर्वत्र झलकती हुई मिलती है । वैष्णव मत अत्यन्त प्राचीय है जिसमें विष्णु तथा उनके अवतारों का विशद वर्णन किया गया है । भागवत में विष्णु के निर्गुण-सगुण, दोनों ही रूपों का वर्णन उपलब्ध होता है । डॉ० भण्डारकर के अनुसार इसे एकान्तिक धर्म नाम से अभिहित किया गया । भगवद्गीता इसका प्रमुख स्रोत है, बाद में यह धर्म नियमबद्ध होने पर पाँचरात्र या भागवत धर्म कहलाया, इसे सात्वत धर्म भी कहा गया । पाँचरात्र की ब्रह्म भावना उपनिषद् के ब्रह्म की कल्पना के अनुरूप है । षड्गुणयुक्त ब्रह्म नारायण हैं, वे निर्गुण होकर भी सगुण हैं । प्राकृत गुणों से रहित होने से वे निर्गुण हैं । उनमें ज्ञान, शक्ति, ऐश्वर्य, बल, वीर्य, तेज—ये छः गुण हैं ।[15] पाँच रात्र में भगवान् विष्णु के दो रूप बताए गए हैं—सगुण तथा निर्गुण-

'हरिखे जगत जगदेव हरि । हरितो जगतो नहि भिन्न तनुः ।।'[16]

इस संसार में तथा इसके बाहर जितने मूर्त तथा अमूर्त वस्तु-समूह हैं, वे

सब भगवान् की ही मूर्ति हैं। इसलिए एकान्तिक धर्म वह कहा गया जहाँ एकान्त-भाव या केवल एक देव के प्रति भक्ति ही भक्ति है।

कबीर के समस्त चिन्तन पर उनके गुरु स्वामी रामानन्द का गहरा प्रभाव पड़ा है। रामानन्द ने ही उन्हें राम नाम का गुरु मन्त्र दिया जिसका कबीर ने अपने काव्य और विचारों में अनन्य भाव से वर्णन किया है—

'राम रसाइन रसिक है, अद्भुत गति विस्तार जी।'[17]

× × ×

'अब मैं राम सकल सिधि पाई, आन कहूं तौ राम दुहाई॥'[18]

हिन्दू समाज की निम्न जातियों एवं वर्गों के प्रति सहानुभूति की भावना, प्रारम्भ से ही वैष्णव धर्म की विशेषता रही है। यद्यपि आचार्यों ने इन वर्गों तथा जातियों को बाह्य-मंडल तक ही सीमित रखा, किन्तु नूतन व्यवस्था से उन्हें लाभ मिला। वाद में रामानन्द ने 'हरि को भजे सो हरि को होई' के उद्घोष द्वारा भक्ति के द्वार सबके लिए समान रूप से खोल दिए। रामानन्द के इसी क्रान्तिकारी चरित्र ने कबीर को प्रभावित किया जिन्होंने कबीर के अतिरिक्त भी निम्नजाति के लोगों को अपना शिष्य बनाया। रामानन्द ने वर्ण-व्यवस्था के बन्धनों को ढीला कर दिया था। डॉ० गोविन्द त्रिगुणायन ने कबीर के ऊपर 'रामानन्द के प्रभाव के एक महत्त्वपूर्ण तथ्य पर प्रकाश डाला है, 'कबीर को रामानन्द से एक वस्तु और प्राप्त हुई थी, वह है राम नाम। मेरा अनुमान है कि रामानन्द ने साधारण जनता को भक्ति के लिए सगुण राम का उपदेश दिया था और साधना में यौगिक निर्गुण राम को आराध्य ठहराया था। सम्भवत: उनके भक्ति क्षेत्र का सगुण राम और योग क्षेत्र का निर्गुण राम ज्ञान में आकर द्वैताद्वैत विलक्षण हो गया था। कबीर ने इस बात में रामानन्द का पूरा अनुसरण किया था। उन्होंने अपनी भक्ति के लिए 'पुरुषावतारादि का आश्रय लिया है।'[19] 'आनन्द मूल सदा परसोत्तम, घट बिनसै गगन न जाई ले।'[20] इस प्रकार कबीर में रामानन्द के समस्त वैष्णव संस्कार उभरने लगे थे—वह पूर्णतत्व है, वह निगुर्ण-सगुण दोनों रूपों में सृष्टि में व्याप्त है—

'सांई मिलानी सुख-दिलानी।
निर्गुन-सर्गुन भेंट मिटानी॥'[21]

× × ×

'पूरे सूं परचामया, सब दुख मेल्यादूरि॥'[22]

स्वामी रामानन्द ने राम भक्ति को ही मुक्ति का सर्वश्रेष्ठ साधन स्वीकार किया है। रामानन्दी सम्प्रदाय में निर्गुण राम की उपासना स्वीकृत की है।[23]

रामानन्द जी ने श्री सम्प्रदाय में कुछ परिवर्तन किए थे जो मौलिक और क्रांतिकारी थे, वे अन्धानुसरण पर विश्वास नहीं करते थे। डॉ० पीताम्बरदास वडथ्यवाल ने स्वामी रामानन्द को अन्तरसाधना का प्रवर्तक माना है। वे शब्दमार्गी अजपा के प्रचारक थे क्योंकि कबीरादि सन्तों पर रामानन्द की निर्गुणमार्गी भक्ति का प्रभाव पड़ा था, इसलिए उनके वैष्णव भक्ति के तत्त्वों को भी, उस मत की मान्यताओं को भी स्वीकार किया है। उनके अनुसार चरम लक्ष्य द्वन्द्वातीत है, वह केवल अप्रतिम है। उससे किसी की उपमा नहीं दी जा सकती। वह ब्रह्मा-विष्णु और ओंकार से भी परतत्त्व है। वह मायातीत अखण्ड तत्व है। फिर भी रामानन्द ने भक्ति के उसी रूप को स्वीकार किया, उन आचारों को मान्यता दी जो हमारे प्राचीन-ग्रन्थों, महाभारत, शांडिल्य भक्ति सूत्र, नारद भक्ति सूत्र आदि में प्रतिष्ठित हैं। कबीर ने भी इनकी इस भक्ति-पद्धति को स्वीकार किया है—

'भगति नारदी मगन-सरीरा, इहि विधि भव तिरि कहै कबीरा ॥[24]'

कबीर ने नारद की 'सा परानुरक्तिरीश्वरे' ईश्वर में परानुरक्ति को भक्ति कहते हैं, इस सूत्र को स्वीकार किया है। परम भक्तिरस रसिक महर्षियों ने अनन्यभाव से, तत्परता से वारम्वार परमात्मा की सेवा में रत होने को ही भक्ति की संज्ञा दी है। कबीर ने बार-बार राम के निर्मल नाम का गुणगान इसी दृष्टि से किया है। वैष्णव धर्म में अहिंसा के पश्चात् दूसरा मुख्य तत्व भक्ति है। भागवत में भक्ति का अपूर्व महत्व माना गया है। कबीर ने वैष्णव भक्ति के सभी रूपों, जिनका श्रीमद्भागवत पुराण में उल्लेख है, श्रवण कीर्तन, स्मरण, पाद-सेवन, अर्चन, वन्दन, दास्य, सख्य और आत्मनिवेदन सभी का वर्णन अपने काव्य में किया है। इसी प्रकार से नारद प्रथित ग्यारह आसक्तियों का भी वर्णन किया है। कबीर ने इन सबको वैष्णव मत के अनुरूप ही प्रस्तुत किया है। यहाँ तक कि जहाँ कबीर बाह्याडम्बर, तिलक, छापा, व्रत, पूजा, तीर्थ का विरोध करते थे, फूलपत्ती तोड़ने पर प्रताड़ित करते हैं, उन्होंने अपने पदों में भगवान् की आरती का भी वर्णन किया है—

'ऐसी आरती त्रिभुवन तारै, तेज पुंज तहां प्रांन उतारै।
पाती पंच पहुप करि दूजा देव निरंजन और न दूजा ॥
तन मन सीस समरपन कीन्हां प्रकट जोति तहां आतम लीनां ॥
दीपक ग्यान सबद धुनि घंटा पर पुरिख तहाँ देव अनंता।
परम प्रकाश सकल उजियारा कहै कबीर मैं दास तुम्हारा ॥'[25]

कबीर ने आरती की भावना को प्रस्तुत करते हुए पत्र-पुष्प, समर्पण भाव

दीपक, शंख ध्वनि आदि का भी वर्णन किया है। सम्भवतः उनके हृदय में प्रच्छन्न रूप से यह भाव निहित हो, जिसको वह परिस्थिति विशेष के कारण व्यक्त न कर सके हों। जैसे नारदी भक्ति की प्रेमभावना को, उसकी रागात्मिक वृत्ति की उन्होंने प्रेमभगति, भावभगति का नाम देकर सहज-भगति भी कह दिया है। वैष्णव-भावना के प्रेम तत्व का वे बार-बार महत्व बताते हैं—

'प्रेम भगति हिडोलना, सब संतन को विश्राम ।।"[26]

नारद की भक्ति में प्रेम की प्रधानता है। प्रेम अपनी अन्तिम परिणति में आत्मनिवेदन का भाव ग्रहण कर लेता है। इस भावदशा में भक्त अपने इष्ट पूर्णरूप से तन्मय हो जाता है। इस प्रकार कबीर में वैष्णव भाव के प्रति अपार श्रद्धा के संकेत मिलते हैं। उन पर वारकरी सम्प्रदाय और विट्ठल सम्प्रदाय का प्रभाव भी मिलता जिसमें परमतत्व का, सगुण-निर्गुण का सम्मिश्रित रूप मिलता है।

'मन के मोहन बिठुला, यह मन लागौ तोहि रे।
चरण कंवल मन मानियां, और न भावै मोहि रे ।।[27]

कबीर पर ज्ञानदेव, नामदेव का प्रभाव ही इसका परिणाम है—

'कलि जागे नामा जैंदेव।'

इससे स्पष्ट है कि कबीर ब्रह्म के सगुण तत्व की वैष्णव भक्ति प्रभावित विट्ठल की आराधना को भी स्वीकार करते थे। इसी प्रकार से वारकरी सम्प्र-दाय का वर्णन प्रह्लाद की भक्ति में मिलता है—

'मोहि कहा पढ़ाव आल जाल, मेरी पाटी में लिखि दे श्री गोपाल।
× × ×
महापुरुष देवाधिदेव, नरस्यंघ प्रकट कियौ भगति भेव।
कहै कबीर कोई लैहै न पार, प्रह्लिद उबारयौ अनेक बार ।।'[28]

वैष्णव मत की प्रपत्ति का भी कबीर पर प्रभाव पड़ा है। भक्ति क्षेत्र में प्रपत्तिशब्द शरणागति का समानार्थी माना जाता है भक्तों पर भगवान् का अनु-ग्रह ही प्रपत्ति कहलाता है। यह प्रपत्ति भाव ही वैष्णव मत के भक्त की श्रद्धा-भावना का मूलाधार है। इसी से भक्त में श्रद्धा, विश्वास, समर्पण, विनय-शीलता, दयनीयता और अनुग्रह की याचना का अनन्य भाव उत्पन्न होता है। उन्होंने आचार-विचार की संहिता वैष्णवों से ग्रहण की तथा एकान्तिक भक्ति से लोक संग्रहात्मकता की ओर उन्मुख हुए। कबीर ने वास्तव में वैष्णव मत का उजला रूप जनता के सामने प्रस्तुत करने का प्रयत्न किया, जो वैष्णव बाह्याडम्बर करता है—वह कबीर के कटु प्रहार से नहीं बच सका—

'बेसनो भया तो का भया बूझा नहीं बबेंक ।
छापा तिलक बनाइ करि, दगध्या लोक अनेक ।।'[29]

× × ×

'विष्णु ध्यान सनान करि रे, बाहरि अंग न धोई रे ।
साच बिन सीझसि नहीं, कांई ग्यांन दृष्टै जोइ रे ।'[30]

सच्चे वैष्णव में सदाचार, नैतिकता, आत्मशुद्धता, परहित और भगवान के प्रति सच्चा भाव होना आवश्यक है—

'हरि बोलि सूवा बार बार, तेरी ढिग मीनां कइ कछू करि पुकार ।
अंजल मंजन तजि बिकार, सतगुरु समझायो तत सार ।।
साध संगति मिलि करि बसंन, भौ बद न छूटे जुग जुगंत ।
कहै कबीर मन भया अनंद, अनंत कला भेटें गोब्यंद ।।'[31]

सच्चा वैष्णव सदैव भगवान् का स्मरण करता है, साधु संगति करता है, सात्विक भाव से पूरित होता है—

'कबीर धनि ते सुंदरी, जिनि जाया बैसनौं पूत ।
राम सुमिरि निरभै हुआ, सब जग गया अउत ।।'[32]

वैष्णव भक्त की अनन्त महिमा उनके हृदय में अंकित है । सच्चे वैष्णव को कबीर भगवान के तुल्य मानते हैं—

'साषत बांभण मति मिलै, बैसनों मिलैं चंडाल ।
अंक भाल दे भेटिये, मानो मिले गोपाल ।।[33]

वैष्णव जन भगवान् के सच्चे दास होते हैं, जैसे वन में एक ही श्रेष्ठ वृक्ष होता है, अन्य ढाक, पलाश होते हैं, जो गुण-विहीन हैं जिनका कोई लाभ नहीं ।

वैष्णव धर्म का विस्तृत साहित्य है, जिसके आधार पर इस धर्म के मूलभूत तत्व ये हैं—

1. विष्णु के विविध नामों का प्रयोग ।

2. उपास्य के रूप में विष्णु के ही निर्गुण या अवतारी सगुण स्वरूपों की प्रतिष्ठा ।

3. भक्ति और उपासना तत्व ।

4. योग तत्व (इसके अन्तर्गत सदाचारों का भी समावेश हो जाता है)

5. तात्विक दृष्टि से माया का विरोध और व्यावहारिक दृष्टि से उसकी मान्यता ।

6. प्रवृत्यात्मकता।

7. वर्ण-व्यवस्था का विरोध।[34]

कबीर में ये सभी तत्व थोड़े-बहुत उलट-फेर से मिलते हैं, उन्होंने भगवान् के नामों केशव, गोपाल, माधो, मुरारी, बनवारी, बीठुला, गोब्यंद, नरहरि, नृसिह, त्रिभुवन नाथ का बार-बार गुणगान किया है—

'जपि जपि रे जीयरा गोब्यदों, हित चित परमानंदी रे।'[35]

इसी प्रकार उन्होंने अनेक स्थलों पर इन नामों का भावपूर्ण वर्णन किया है—

'माधो दारन दुख सह्यो न जाई।'[36]

× × ×

ऐसा ध्यान धरौ नरहरि, सबद अनाहद च्यंत करि।
राम नरहरी-माधव मधूसूदन बनवारी।'[37]

× × ×

'राम नाम हिरदे धरि, निरमोलिक हीरा।
सोभा तिहूं लोक, तिमर जाय त्रिविध पीरा।'[38]

कबीर में ब्रह्म के गुण रूप का, उसकी अपार शोभा का, सोलह कलापूर्ण तत्व का भी उल्लेख मिलता है—

'सोलह कला संपूरण छाजा।'[39]

उनके विराट रूप का भी वर्णन किया गया, जिसके मुख में चौरासी लाख जीव हैं—

'चौरासी लाख जाके मुख में, सोच्यंत करेगा मेरा।'[40]

इसी प्रकार कबीर ने उपास्यदेव के रूप में विष्णु का संकेत किया है,

'मेरी जिभ्यां बिस्न नैंन नारांइन, हिरदै जपौ गोविंद।'[41]

कबीर ने पौराणिक भक्तों की भक्ति के द्वारा अपने उद्‌गार प्रकट किए हैं—

'सिव सनकादिक नारदा, ब्रह्म लिया निज बास जी।
कहै कबीर पद पंकजा, अष नेड़ा चरण निवास जी॥'[42]

कबीर ने विष्णु का रागात्मक, लोकरंजक रूप भी वर्णित किया है—

'भजि नारदादि सुकादि वंदित, चरन पंकज भॉमिनी।
भजि भजिसि भूषन पिया—मनोहर देव-देव सिरोमनी॥

वुधि नाभि-चंदन चरिचिता, तन रिदा मंदिर भीतरा।
राम राजसि नैन वांनी, सुजान सुन्दर सुन्दरा॥
वहु पाप परबत छेदनां, भौ ताप दुरिति निवारणा।
कहै कबीर गोव्यदं भजि, परमानंद वंदित कारणां॥'[43]

कबीर ने बारम्बार विष्णु और उसके भक्तों का वर्णन अत्यन्त श्रद्धा और मनोयोगपूर्ण निष्ठा-भावना से किया है, वे कहते हैं उस परम सुन्दर का भजन करो, जिसके चरणों में नारद, शुकदेव जैसे भक्तजन रहते हैं, वे परम वैभवपूर्ण देव शिरोमणि हैं. वे पापों के पर्वत को भी नष्ट कर देने वाले हैं तथा समस्त तापों को नष्ट करने वाले हैं। ऐसे गोविन्द का भजन करो, वह परमानन्द ही वन्दनीय है। भक्ति और उपासना को उन्होंने सगुण भक्तिपरक तत्वों के आधार पर निर्गुण रूप, नाम सुमिरन का आधार तथा पद्धति प्रदान करने का प्रयत्न किया है।

वैष्णव मत पर पातंजल योगदर्शन का प्रभाव आचार-विचार, संयम की दृष्टि से पड़ा है। भागवत में भी योग का वर्णन भक्ति की दृष्टि से और आचार-विचार के आधार पर किया गया है। वैष्णव धर्म में इसी के आधार पर सदाचारों का उल्लेख किया गया है। पातंजल योग-दर्शन में यमनियम का वर्णन किया गया है, भागवत् में अहिंसा, सत्य, अस्तेय, असंग, ह्री, असंचय, अस्तित्व, ब्रह्मचर्य, मौन, स्थैर्य, क्षमा और अभय को स्थान दिया गया है। कबीर पर इन नियमों का प्रभाव पड़ा है, उन्होंने साधक, भक्त के लिए इन्हें अनिवार्य माना है। उन्होंने निगम की साक्षी को भी स्वीकार किया है—

'निगम जाकी साखी बोले, कहै संत सुजान।
जन कबीर तेरी सरन आयो, राखि लेहू भगवान॥'[44]

कबीर योगभावना में लीन होकर उसका आनन्द लेते हैं—

'आत्मां अनंदी जोगी, पीवै यहां रस अमृत योगी।
× × ×
या जोगिया को जुगति जु बूझै, राम रमै ताको त्रिभुवन सूझै॥[45]

चित्तवृत्तियों को केन्द्रित करने के लिए योगवृत्ति तथा आत्मरस का आस्वादन करने के लिए वे समाधि को श्रेष्ठ साधन मानते हैं—

'साधो सहज समाधि भली'[46]

वैष्णव भावना के प्रभाव से ही उन्होंने योग के सहजभाव को इतना अधिक महत्व दिया है, अवधू जगत से न्यारा है, वह गगन-मंडल में निवास करता है, उसका मन रामरस में लीन है, वे ऐसे योगी को सावधान करते हुए कहते हैं, 'हे

मन, जागते रहो, गाफिल होने से विकार रूपी चोर तुम्हें लूट लेगा'[47] इस प्रकार की उक्तियाँ कबीर ने साधक को मन का संयम और एकाग्रता की प्रेरणा देने के लिए कही हैं।

कबीर द्वारा माया का विस्तृत वर्णन, उसकी लीला, उसके कपट-व्यवहार का वर्णन, उनकी वैष्णव भावना की मान्यता की पुष्टि करता है। शंकर के मायावाद के रूप में वैष्णव मत में माया का वर्णन हुआ है। कबीर ने माया को ठगिनी, अहेर करने वाली, रघुनाथ की माया, देवी-देवताओं, ऋषियों, मुनियों, साधकों को भ्रमपाश में बद्ध करने वाली बताया है, उसका बंधन दृढ़ है, वह समस्त संसार में अपना जाल फैलाये हुए है, वह एक अनोखी नारी है। कबीर सबको उससे बचने का उपदेश देते हैं। भक्त, संत, साधक उसके प्रभाव में आकर कंचन-कामिनी के बन्धन में पड़ जाते हैं, वे सद्मार्ग से हट जाते हैं। यह मूल अविद्या है, जिससे निष्क्रिय ब्रह्म सक्रिय प्रतीत होता है।[48] इसलिए कबीर कहते हैं—

'तू माया रघुनाथ की, खेलन चलि अहेरि।
चतुर चिकारे चुणि चुणि मारे, कोई ना छोड़या नेड़ै॥
मुनियर पीर डिगंवर मारे, जतन करतां जोगी।
जंगल महि के जंगम मारै, तरे फिरै बलिवंती॥[49]

वैष्णव भावना के अनुसार सच्चे संत को इस माया के जाल से, इसके प्रति आसक्ति से वचना चाहिए।

कबीर प्रमुख रूप से निवृत्ति-मार्गी सन्त थे, किन्तु वैष्णव धर्म के प्रभाव और लोक सम्पर्क के कारण उनमें प्रवृत्यात्मकता आ गई थी, इसी के कारण वे कंचन-कामिनी, धनलोभ मोह, सांसारिक विकार, दुराचार वृति, चोरी, लूट-मार का वर्णन कर सके हैं, इस मद-अहंकार में डूबे लोग, जीव, अपनी चेतना भूल गए थे—

'सव मदिमाते कोई न जाग, ताथे संग ही चोर घर मुसन लाग॥'

तव कबीर का मर्माहत स्वर फूट पड़ा, वैष्णव भाव मुखरित हो उठा—

'भगति विन भौजलि डूवत है रे।
× × ×
राम को नांव अधिक रस मीठो, वार-वार पीवै रे।'[50]

रामनाम का भजन करने से मनुष्य को क्या फल प्राप्त होता है, कबीर ने उसका भी वर्णन किया है—

'राम भजै सो जाँनिये, जाकै आतुर नाहीं।
सत संतोष लीयै रहै, धीरज मन माहीं॥
जन कौ काम क्रोध व्यापै नहीं, त्रिष्णा न जरावै।
प्रफुलित आनंद मैं, गोब्यंद गुण गावै॥
जन को पर निंद्या भावै नहीं, अरु असति न भावै।
कालकलपनौं मेटि करि, चरनूं चित्त राखै॥
जन सम द्रिष्टि सीतल सदा, दुविधा नहीं आनैं।
कहै कबीर ता दास सूं मेरा मन मानै॥'[51]

राम भक्ति करने वाले व्यक्ति की व्यग्रता, व्याकुलता, आतुरता समाप्त हो जाती है, वह सत्य, संतोषमय हो जाता है, मन में धैर्य उत्पन्न हो जाता है, काम-क्रोध का प्रभाव उस पर नहीं होता, तृष्णा की अग्नि उसे जलाती नहीं है, वह सदैव ही प्रफुल्लित चित्त होकर गोविन्द का गुणगान करता है, परनिन्दा के दोष से बचता है, असत्य भाषण नहीं करता। काल की व्याधि से बचा रहता है, वह प्रभु के चरणों में ध्यान रखता है, समर्पणभाव सम्पन्न रहता है, वह समदृष्टियुक्त और शीलगुण सम्पन्न हो जाता है, उसके हृदय में दुविधा, शंका नहीं आती, ऐसा विनयी, सर्मपित और विश्वासी भक्त मेरे मन को भाता है, प्रिय लगता है।

कबीर ने सच्चे वैष्णव भक्त के यही गुण माने हैं, इनका श्रीमद्भागवत, महाभारत, नारद भक्तिसूत्र, भक्तिरसामृतसिन्धु में बहुत ही सुन्दर वर्णन किया गया है।

इन गुणों से सम्पन्न दशा को कबीर ने मुक्तावस्था माना है, इसे भक्ति की रस दशा माना है, ऐसे स्वाधीनचेता, प्रफुल्लित चित्त वाले, आत्मानन्द लीन भक्त के लिए गृहस्थ और वैराग्य का अन्तर नहीं रहता, वह सात्विक भाव की उच्च दशा को प्राप्त कर लेता है।

वैष्णव भावना और कबीर की वाणी में लोककल्याण, परहित का पर्याप्त वर्णन हुआ है. कबीर में तो आपा-पर की हितभावना, एकता का अजस्र प्रवाह मिलता है। समभाव, समदृष्टि, लोकहित तथा सद्मार्ग आदि वैष्णव धर्म के गुणों से तत्कालीन समाज को मुक्ति, उदारभावना, बन्धन रहित होने का, विश्व-कल्याण का मार्ग मिला, मानवीय-स्तर पर उच्च नैतिक-स्तर तथा शुभ्र दृष्टि प्राप्त हुई। सबही समान है, एक ही परमतत्व सब में व्याप्त है, जाति-पाँति, ऊँच-नीच का भेदभाव हमारी मानसिकता को विकृत बनाकर हमारे विकास पथ को अवरुद्ध करता है। वास्तव में स्वामी रामानन्द के मुक्तभावपूर्ण, उदार उद्गार ही कबीर के भक्ति-ज्ञान को आलोकित करने वाले थे, उसके लक्ष्य मार्ग

को प्रशस्त करने वाले थे, वे परमभाव के आनन्द रस में रस-स्नात होकर प्रत्येक दिशा में इस आत्मानन्द की मस्ती की छाक में डूबकर दुःख द्वन्द्व रहित होकर पूर्णानन्द के भरपूर प्रसार को देख रहे थे—

'आनन्द धरती आनन्द आकास। आनन्द चंद-सूर परकास॥
आनन्द आदि - अन्त - मध तारा। आनन्द अन्ध कूप उजियारा॥'
(द्विवेदी-कबीर, पद 82)

ब्रह्मानन्द के आनन्द प्रसार का यह भावातिरेक ही भक्त में समदृष्टि को उत्पन्न करता है—

"कहै कबीर जाकै भेदैं नांही, निजजन बैठे हरि की छाहीं।'[52]

× × ×

'माटी एक सकल संसारा, बहु विधि भांडे घड़ै कुमारा॥'[53]

वैष्णव धर्म का मूलाधार है, प्रेमभाव, समदृष्टि, परोपकार, भेदभाव रहित होना, वे हरि-रूपी शाखा की छाया में बैठते हैं। समदृष्टि और समदर्शिता की भावना का वर्णन कबीर ने कोमल-कटु सभी विधियों से किया है, वे सच्ची बात कहने के लिए कटु आलोचना और व्यंग्य करने से कहीं भी नहीं चूके हैं सच बात तो यह है कि कबीर ने हर प्रकार से अपनी बात को आम जनता तक पहुँचाने और समझाने का सद्प्रयास किया है।

मध्यकाल में राजनीतिक और धार्मिक कारणों से जो एक नया जन आन्दोलन चल पड़ा था, वैष्णव मत उससे प्रभावित हुआ, कबीर ने इसी नये प्रभाव का लाभ अपने जीवन-दर्शन की स्थापना करने के लिए उठाया था, उन्होंने कहा जिसके मन में शूद्र, मलेच्छ का विकार वसता है, वह सच्चा वैष्णव, सच्चा भक्त नहीं हो सकता, वह कौन है जो द्वैत भाव को फैलाता है, भेद उत्पन्न करता है, ऐसा व्यक्ति सच्चा वैष्णव नहीं हो सकता। मध्ययुगीन धार्मिक आन्दोलन की एक बड़ी विशेषता यह है कि भक्त और भगवान को समान बताया गया है। वैष्णव धर्म में प्रेम भावना का अनन्त प्रसार था, भगवान् प्रेम-स्वरूप हैं, माधुर्य रूप हैं, प्रेम का आधार समानता है, अतः नारदी भक्ति की प्रेमभावना साध्य और साधक की एकता का आधार बन गई। भगवान् प्रेम के वश में हैं, प्रेम ही परम पुरुषार्थ है, वही सबसे ऊँची जाति है, सम्बन्ध है, प्रेम का निश्चय ही रसीली जीव-मुक्ति है, यही वह साधन है जिससे गोपाल मिलते हैं,[54] इसलिए कबीर ने कहा—

'कहे कबीर प्रेम का मारग,
सिर देना तो रोना क्या रे।'[55]

नारदी भक्ति में प्रेम भावना का संकेत करते हुए कहते हैं—

'नारदा प्यार सो अन्तर नाहीं।
प्यार जागै तौही जागूं, प्यार सोवै तब सोऊँ ॥''[56]

मध्यकाल का समस्त काव्य, प्रेम और माधुर्य से ओतप्रोत है, प्रायः सभी प्रकार के भक्त इससे प्रभावित हुए। प्रेम के अनन्तरूपों के कारण ही भक्तों ने अपने आराध्य को अनेक, अनन्त रूपों में देखा, संत लोग प्रेमांजन से विच्छुरित भक्ति रूप नयनों से सदैव उसका दर्शन करते रहते हैं। कबीर भी स्वतः प्रमाण माने जाने वाले वाक्यों से प्रभावित होते रहे, सगुण उपासना में भगवान का भावगृहीत रूप है, निर्गुण भक्तों ने भी भगवान् के इसी भावगृहीत रूप को अपनाया—

'पिया को रूप कहाँ लग बरनूं, रूपहि मांहि समानी।'[57]

माधुर्य रूपापासना का इससे उत्तम भाव और क्या हो सकता है। वास्तव में यह मधुरता ही भगवान का रंग है, उसी से प्रेम, समर्पण और प्रपत्ति भाव का उदय होता है। प्रेम में छोटा बड़ा नहीं, तो भक्ति में भी नहीं हो सकता, वह तो सबको तारने वाला है, केवल चाहिए सच्ची श्रद्धा, यही सच्चे प्रेम का आधार है, तभी कृपा होती है, भाव सागर पार होता है—

'''है हरि भजन को प्रवाँन। नीच पांवै ऊँच पदवी वाजते नीसान।
भजन को प्रताप ऐसो, तिरे जल पाषान।
अधम भील अजाति गनिका, चढ़े जात विमांन।
नवलख तारा चलै मंडल, ससिहर भाँन।
दास धूँ कौ अटल पदवी, राम को दीवान ॥[58]

कबीर ने भक्ति भाव और आचार धर्म में वैष्णव धर्म को मुख्य रूप से अपना आधार बनाया है। इसे वे समाज के लिए, सबके लिए समान रूप से अनुकरणीय मानते हैं। वह केवल साधु-संत के लिए ही नहीं हैं। कबीर के समय में जो वैष्णवधर्म प्राचीन काल से संकीर्ण नियमों और मान्यताओं में जकड़ा हुआ था, उसके बन्धन अब शिथिल होते जा रहे थे। वास्तव में इस युग में विष्णु अपना विराट रूप धारण कर चुके थे। उनके भक्त भी उसी विराट भावना की छाया में रह रहे थे और वैसे ही विराट धर्मभाव का प्रचार कर रहे थे। कबीर एक ऐसे ज्ञानी संत पुरुष थे जिन्होंने गुरु प्रदत्त इस उदार विराट चेतना को सर्वप्रिय बनाने का प्रयत्न किया। सगुण भक्ति आचार्यों द्वारा विष्णु के जिन दिव्य गुणों का प्रचार हो रहा था, कबीर ने कोटि विष्णु, महेश, ब्रह्मा, सूर्य, चन्द्र, कविलास के द्वारा उसको प्रस्तुत किया—

'कोटि चन्द्र सूर छिपे जेहैं, एक रोम उजियारा हो।'[59]

इस प्रकार कबीर ने वैष्णव भक्ति के प्रेम तत्त्व, लीला, गुण-कीर्तन, प्रपत्ति रूप भक्ति, अहिंसा, सत्य, समर्पण, दीनता, वत्सलभाव, अनुग्रह, रूपासक्ति सभी को अपनाया, जिससे उनकी वैष्णव भावना में एक श्रद्धासिक्त वैष्णवभक्त के हृदय के मधुर उद्‌गार ही नहीं, उनके सद्‌चारपूर्ण चरित्र और भावों की अभिव्यक्ति भी हुई है। उन्होंने निर्गुण ब्रह्म भाव का समुचित निर्वाह करते हुए, वैष्णव भावना पूरित अनुराग भाव में कहीं भी कमी नहीं आने दी है। कबीर ने एक सच्चे वैष्णव की भाँति भगवान् के लिए प्रयुक्त विभिन्न सम्बोधनों का पूरी श्रद्धाभावना से प्रयोग किया है। पौराणिक भक्तों की स्तुति, उनका भाव-विभोर गुणगान करते हुए उन्होंने भक्ति की व्याख्या गुणात्मक और व्यावहारिक दोनों ही दृष्टिकोणों से की है। दास्यभाव, शरणागति, दैन्य, प्रेम, नामसुमिरन, साधसंगति, सत्संग और भगवान् के अनुग्रह भाव का हृदयहारी, मनोहर भावपूर्ण वर्णन किया है। पापी, दुर्जन व्यक्ति को उसके कर्मों के दुष्परिणाम तथा संत, सज्जनों को उनके श्रेष्ठ पवित्र आचार पालन, हृदय की पवित्रता का पुनीत रूप, कबीर ने दिखाया है. उसका फल बताया है।

कबीर ने भगवान् का विराट रूप वर्णित कर जहाँ उसकी सर्वव्यापकता, और शक्ति का परिचय दिया है, वहीं एक भागवत् भक्त के उच्च आदर्श को भी सहृदय पाठकों के सम्मुख प्रस्तुत किया है। मानव-जन्म की दुर्लभता और उच्च भावना और लक्ष्य को बताते वे कहते हैं—

मनिषा जन्म उत्तम जौं पावा, जानूँ राम तौ सयान कहावा।।[60]

× × ×

भगति हेतु राम गुन गावैं, सुर नर मुनि दुर्लभ पद पावैं।।[61]

सच्चा सात्विक भाव वाला भक्त होना ही मनुष्य जन्म की प्राप्ति को सार्थक करता है। कबीर में सात्विकी मानसी भक्ति का भव्यरूप उनके वैष्णव संस्कारों का सहज परिचय देती है। अन्तर्मन के सौन्दर्य तथा बाह्य जीवन की शुभ्रता में कबीर का वैष्णव जन आलोकित हो उठा है। कबीर का वैष्णव भाव, पूर्ण समर्पण को प्राप्त कर भक्ति के चरमोत्कर्ष पर पहुँच जाता है—

'हमारा धन माधव गोविंद धरनधर इहै सार धन कहियै।
जो सुख प्रभु गोविंद की सेवा से सुख राज न लहियै।।'[62]

संदर्भ

1. डा० केदारनाथ द्विवेदी—कबीर और उनका पंथ, पृ० 81
2. उर्वशी सूरती— कबीर जीवन और दर्शन, पृ० 98
3. क० ग्र०—साधकौ अंग, साखी, 4
4. विश्वनाथ प्रसाद मिश्र—हिन्दी साहित्य का अतीत, पृ० 148
5. परशुराम चतुर्वेदी—वैष्णव धर्म, पृ० 123
6. वही—कबीर साहित्य की परख, पृ० 183
7. श्याम सुन्दर दास—हिन्दी साहित्य, पृ० 152
8. हजारीप्रसाद द्विवेदी—कबीर, पृ० 147
9. डा० गणपतिचन्द्र गुप्त—हिन्दी साहित्य का वैज्ञानिक इतिहास, पृ० 188
10. डा० भुवनेश्वरनाथ मिश्र माधव—वैष्णव साधना और सिद्धान्त, हिन्दी-साहित्य पर उसका प्रभाव, पृ० 314
11. वही, पृ० 315
12. क० ग्र०, पदावली, 320
13. वही, पदावली, 62
14. डा० आर० जी भन्डारकर-वैष्णव—शैव और अन्य धार्मिक मत, पृ० 14
15. उर्वशी सूरती—कबीर जीवन और दर्शन, पृ० 152
16. क० ग्र०, पदावली-30
17. क० ग्र०, पदावली—148
18. गोविन्द त्रिगुणायत—कबीर की विचारधारा, पृ० 91
19. क० ग्र०—पदावली-293
20. हजारी प्रसाद द्विवेदी—कबीर पद-80
21. क० ग्र०-गुरुदेव कौ अंग, साखी 35
22. डा० देवराज सिंह—संतों की भक्ति—ऐतिहासिक संदर्भ, पृ० 79
23. क० ग्र०—पद, 278
24. क० ग्र०—पद 403
25. क० ग्र०—पदावली-18
26. क० ग्र०—पदावली-84, परिशिष्ट, पदावली 131
27. क० ग्र०—पदावली-379
28. क० ग्र०—पदावली, भेस कौ अंग, साखी 16
29. क० ग्र०—पदावली-391
30. क० ग्र०—पदावली-381
31. क० ग्र०—पदावली-साधमहिमा कौ अंग, साखी, 7

32. वही, साखी 9
33. डा० गोविन्द त्रिगुणायत—कबीर की विचारधारा, पृ० 83
24. क० ग्रं, पदावली 398
35. वही, पदावली 384
36. वही, पदावली 325
37. वही, पदावली 321
38. वही, पदावली 202
49. वही, पदावली 261
40. वही, पदावली 250
41. वही, पदावली 30
42. वही, पदावली 292
43. वही, पदावली 301
44. वही, पदावली 205
45. हजारी प्रसाद द्विवेदी – कबीर, 69 (शब्दावली)
46. क० ग्रं०, पदावली 23
47. डा० संपूर्णानन्द—चिद्विलास, पृ०, 169
48. क० ग्रं० पदावली 187
49. वही, पदावली, 387
50. वही, पदावली 310
51. वही, पदावली 363
52 वही, पदावली 49
53. वही —पदावली-53
54. हजारीप्रसाद द्विवेदी—हिन्दी साहित्य की भूमिका, पृ०, 86
55. हजारी प्रसाद द्विवेदी —कबीर, पद 96
56. वही, पद 96
57. वही, पद 98
48. क० ग्रं०, पदावली 301
59. हजारी प्रसाद द्विवेदी—कबीर, पद 18
60. क० ग्रं०, रमैनी, पृ० 176
61. वही, पृ० 180
62. वही, पदावली 3 (परिशिष्ट)

कबीर की भक्ति-भावना

भक्ति-भाव हृदय की मधुरता और आत्मा के उन्नयन की बोधक भावदशा है। "मानव हृदय की मनोरम और शुद्ध-बुद्ध भावना ही भक्ति की प्रेरक है, जो अपने आराध्य को परम सुन्दर और आत्मा को शुद्ध बनाती है। वह अनुराग, प्रेम, अनुकूलता, सहृदयता, करुणा, दैन्य, सख्य भावों को नैसर्गिक रूप से उत्पन्न करती है, इन अनेक भावों में से एक प्रमुख बन जाता है। प्रत्येक भाव अपने लिए एक अनुकूल परिवेश और मनोदशा चाहता है, यही स्थिति भक्ति-भावना की भी है। 'भक्ति साधना की रस दशा है।' आचार्य रामचन्द्र शुक्ल के अनुसार, 'श्रद्धा और प्रेम के योग का नाम भक्ति है।'[1] सौन्दर्यशास्त्रियों के अनुसार अम्लान-सौन्दर्य का दर्शन ही भक्ति है', रस्किन ने इसे श्री भगवान् का सौन्दर्य कहा है।[2] इस्लाम मत के अनुसार दैवी रति-भावना ही भक्ति है।

भारतीय धर्म-शास्त्रों में भक्ति का विशद विवेचन किया गया है।[3] सामान्य रूप से भक्ति भगवद्विषयक प्रेम को कहते हैं। कठोपनिषद् में स्पष्ट किया गया है कि परमात्मा में जिसकी भक्ति-श्रद्धा है, उसी से परमात्मा प्रसन्न होते हैं। यह ब्रह्म-जिज्ञासा है। भक्ति-रसामृत-सिन्धु में कहा गया है कि अनुकूल भाव से भगवान के विषय में अनुशीलन करना ही भक्ति है।[4] इस अनुशीलन में ज्ञान और कर्म का प्रभाव नहीं होना चाहिए। भगवद्विषयक यह जो अहैतुक या कारण-रहित प्रेम है वह न तो निरुपाधिक स्वरूप के लिए असम्भव है और न अद्वैत भावना के विरुद्ध। भागवत धर्म के मतानुसार प्रत्यक्ष नानारूपात्मक उपासना ही भक्ति मार्ग है।

शंकराचार्य का मत है कि वेद शास्त्र भी जगत् के कारण को दुर्बोध मानते हैं। भक्ति के आचार्य मानते हैं कि भगवान् का स्वरूप मानवीय चिन्तन-शक्ति के वश का नहीं है वह अचिन्त्य है। अनन्त है उसकी शक्ति और अगम्य है उसकी मूर्ति। कबीर ने अपनी भक्ति-भावना में इसी बात को समझाने के लिए ब्रह्म को अविगत-अकल अनुपम[5] कहा है, उसे अचिन्त्य और अकथ,[6] गूंगे का

गुड़ और शर्करा कहा है।[7]

भक्तिकाल की महिमा का स्रोत भक्ति-धारा का अजस्र प्रवाह ही है, 'ईस्वी सन् की सातवीं शताब्दी से अद्यतन काल तक अजस्र रूप से प्रवाहित हो रही काव्य-धारा में भक्ति का प्रवाह मन्दाकिनी की तरह अपनी शुभ्रता, निष्कलुष तरंगावलि और अनन्त जनता के मन को नैसर्गिक शान्ति प्रदान करने वाली दिव्य जलधारा की तरह पूजित है।'[8] रवि बाबू ने लिखा है कि 'मध्ययुग में हिन्दी के साधक कवियों ने जिस रस-ऐश्वर्य का विकास किया उसमें असमान्य विशिष्टता है। वह विशेषता यह है कि एक साथ कवि की रचना में उच्चकोटि की साधना और अप्रतिम कवित्व का एकत्र मिलित संयोग दिखाई पड़ता है जो अन्यत्र दुर्लभ है।'[9] मध्यकाल में भक्ति के प्रादुर्भाव के विषय में हिन्दी साहित्य का इतिहास लिखने वाले विद्वानों में मतभेद है, परन्तु ऐतिहासिक संक्रान्ति की प्रक्रिया बहुत ही महत्वपूर्ण है क्योंकि इसका दृष्टिकोण व्यावहारिक है। प्रो० हैवेल ने लिखा है कि 'मुसलमानी सत्ता प्रतिष्ठित होते ही हिन्दू राज-काज से अलग कर दिए गए। इसलिए दुनिया के झंझटों से छुट्टी मिलते ही उनमें धर्म की ओर, जो उनके लिए एकमात्र आश्रय-स्थल रह गया था, स्वाभाविक आकर्षण पैदा हुआ।'[10] इस विचार का अनुमोदन करते हुए आचार्य रामचन्द्र शुक्ल ने भक्तिकाल की सांस्कृतिक पृष्ठभूमि पर विचार करते हुए लिखा है कि 'देश में मुसलमानों का राज्य प्रतिष्ठित हो जाने पर हिन्दू जनता के हृदय में गौरव, गर्व और उत्साह के लिए वह अवकाश न रह गया। इतने भारी राजनीतिक उलट-फेर के पीछे हिन्दू जन समुदाय पर बहुत दिनों तक उदासी छाई रही। अपने पौरुष से हताश जाति के लिए भगवान् की शक्ति और करुणा की ओर ध्यान ले जाने के अतिरिक्त दूसरा मार्ग ही क्या था।'[11] आचार्य हजारी प्रसाद द्विवेदी ने इस विचार से असहमत होते हुए लिखा है, 'सिद्धों और नाथ योगियों की कविताएँ हिन्दी सन्त-साहित्य से पूर्णतया संयुक्त हैं, इस प्रकार सन्त-मत का उद्भव मुसलमानों के कारण नहीं, बल्कि भारतीय-चिन्ता के स्वाभाविक-विकास का परिणाम है।'[12]

भक्ति काल में सगुण-निर्गुण भक्ति की दो धाराएँ मिलती हैं, कबीर को निर्गुण साधना का भक्त कहा जाता है, उनके काव्य में निर्गुण को ही केन्द्र माना गया है, लेकिन कबीर में ये दोनों ही प्रभाव मिलते हैं—

सरगुन-निरगुन तजहु सोहागिन, देख सबहि निज धाम।

× × ×

निर्गुन-सर्गुन शब्द-पसारा

× × ×

सर्गुण की सेवा करौ, निर्गुण का करु ज्ञान
निर्गुण सर्गुण के परे, तहँ हमारा ध्यान।[13]

सन्त कवि प्राय: निर्गुण मत का प्रतिपादन करते हैं, अतः इस भावना के कारण उनकी सगुण कविता को भी निर्गुण का स्वरूप प्रदान कर दिया जाता है, फलस्वरूप सहज भावपूर्ण कविता को भी रहस्य-तत्व और गुह्य-भावना से मंडित कर दिया जाता है। आचार्य शुक्ल ने निर्गुण-सगुण के भेद का समाधान करते हुए लिखा है कि 'जहाँ तक ब्रह्म हमारे मन और इन्द्रियों के अनुभव में आ सकता है वहाँ तक हम उसे सगुण और व्यक्त कहते हैं, पर यहीं तक इसकी इयता नहीं है। इसके लिए हम कोई शब्द न पाकर निर्गुण, अव्यक्त आदि निषेधात्मक शब्दों का आश्रय लेते हैं।'[14]

इसमें संदेह नहीं कि ब्रह्म की पूर्णता की अनुभूति सगुण मत वालों का भी ध्येय है, किन्तु व्यक्ति इस अनुभूति के लिए जिस साधना का प्रयोग करता है, वह सीमित है, ब्रह्म का दर्शन इसी सीमित क्षेत्र में होने पर सगुण रूप धारण कर लेता है। दोनों सम्प्रदायों का ध्येय भगवान के प्रेम की प्राप्ति रहा है। निर्गुण भक्त उस चिन्मय सत्ता में विलीन हो जाने को ही अपना लक्ष्य मानता है। कबीर ने निराकार ब्रह्म के ज्ञान के लिए जिस प्रकार भारतीय वेदान्त का सहारा लिया, उसी प्रकार निराकार ईश्वर की भक्ति के लिए सूफियों के प्रेम तत्व को अपनाया। कबीर के पास महाराष्ट्र की संत-परम्परा की पृष्ठभूमि थी, इसके अतिरिक्त उन्होंने एक ओर तो स्वामी रामानन्द जी से भारतीय अद्वैतवाद की कुछ बातें ग्रहण की, दूसरी ओर योगियों और सूफी साधकों से संस्कार प्राप्त किए, वैष्णवों से अहिंसा और प्रपत्ति तत्व ग्रहण किए। इसीलिए कबीर की भक्ति में वेदान्त का तत्ववाद, सूफियों का प्रेम तत्व और वैष्णवों का माधुर्य भाव मिलता है।

कबीर ने निर्गुण सन्त होने के नाते अपनी भक्ति को 'भाव भगति' कहा है। इस भवसागर को पार करने के लिए, विकारों से बचने के लिए भाव-भगति आवश्यक है।[15]

'जब लगि भाव-भगति नहीं करिहौं,
तब लगि भवसागर क्यों तरिहौं।'[16]

भाव भगति से ओतप्रोत व्यक्ति 'सहजशील' युक्त हो जाता है, इसके लिए सती, संतोषी, सावधान, सबद-भेद का सुविचारवान भक्त होना चाहिए, इसीलिए कबीर इसे सहज भक्ति भी कहते हैं—

'सती संतोषी सावधान, सबद भेद सुविचार।
सतगुर के प्रसाद के, सहज सील मतसार।'[17]

साधक शुद्ध भाव-सम्पन्न, एकनिष्ठ होना चाहिए, इसमें वाह्योपचार आवश्यक नहीं, मन का शुद्ध निर्मल भाव ही भगति है। कबीर की भाव भगति में प्रपत्ति-परता और आत्मनिवेदन का विशेष स्थान है। प्रपत्ति शब्द शरणागति का समानार्थी है, यह समर्पण भाव है, कबीर आत्म-निवेदन में आर्तभाव से भगवान् के समक्ष अपनी समस्त दुर्बलताओं को प्रस्तुत कर देते हैं। भाव भगति में साधक के सभी मनोविकार विलीन हो जाते हैं, उसका हृदय पवित्र हो जाता है, वह इन्द्रियों पर संयम कर लेता है, वह कण-कण में परमतत्व का दर्शन करता है।

श्रीमद्भागवत के अनुसार भक्ति की तीन कोटियाँ हैं—तामसी, राजसी, सात्विकी। इन तीनों से परे की भक्ति निष्काम भाव की भक्ति है। पराभक्ति ही यह अहैतुकी भक्ति है, जो अव्यवहित होती है, इसी को निर्गुण भक्ति कहा गया है। रामानन्द जी ने बताया है कि विकृष्ट प्राकृत-गुणों से जो रहित हो, उसे निर्गुण कहते हैं तथा दिव्य-गुणों से परिपूर्ण भगवान् का सगुणत्व सिद्ध होता है।[18] परा भक्ति में निमग्न भक्त भगवत् सेवा के अतिरिक्त और कुछ नहीं चाहता, उसके लिए भक्ति साध्य बन जाती है। भागवत् की निर्गुण भक्ति ही शांडिल्य की मुख्याभक्ति है। अहैतुक, फलासक्ति रहित भक्ति ही सच्ची भक्ति मानी गई है। कबीर के अनुसार राम नाम के सच्चे मार्ग को पहचान लेने पर बाह्योपचार का कोई महत्व नहीं रह जाता और यही सहज-भक्ति, भाव-भगति कहलाती है। कबीर ने इसे 'हरिसू गठजोरा' कहा है। मन, वचन, कर्म से राम-नाम का स्मरण करना ही सबसे बड़ा साधन है। सुविचार की स्थिति में भक्त सारग्रही बन जाता है, निष्कपट स्वभाव वाला हो जाता है। सबद भेद का गुण साधक शब्द के रहस्यों से परिचित हो जाता है। इसीलिए कबीर भक्त को ज्ञानी कहते हैं, उसके लिए बाह्याचारों का कोई प्रयोजन नहीं रह जाता—

माथे तिलक हथि माला बाना।
लोगन राम खिलउना जाना॥

× × ×

कहा भयो रचि स्वांग बनायो, अंतरिजामी निकट न आयो।

कबीर पूजा, अर्चा, तिलक, छापा, तीर्थ, व्रत सबका विरोध करते हैं—

'काया मंजसि कौन गुनां, घट भीतरि है मलनां।'

इसका समाधान करते हुए कबीर सच्चा मार्ग सुझाते हैं—

'राम राइ इहि सेवा भल मानैं; जैं कोई राम नाम तत जानैं।'

कबीर भक्ति में 'राम नाम' को बहुत महत्व देते हैं, इसका यशोगान तो वे निरन्तर करते हीं हैं—

राम नाम निज अमृत सार, सुमिरि सुमिरि जन उतरे पार।

× × ×

सांच सांच सीला का चौका दीजै, भाव भगति काजै सेवा कीजै ॥
भाव भगति की सेवा मानै, सतगुर प्रगट कहै नहीं छीनै ॥
अनभै-उपजि न मन ठहराई, परकीरति मिलि मन न समाई ॥
जब लग भाव भगति नहीं करिहौं, तब लग भव सार क्यूं तिरिहौ ॥
भाव भगति बिसवास बिनु, कटै न संसै मूल।
कहै कबीर हरि भगति बिन, मुकति नहीं रे मूल ॥

इसके साथ ही मनुष्य को सावधान भी करते हैं—

जा नरि राम भगति नहीं साधी; सो जनमत काहे न भुवो अपराधी ॥

× × ×

जे नर भये भगति थैं न्यारे, तिन थैं सदा डराते रहिये ॥

और कबीर को वही भक्त प्रिय है—

निरमल निरमल राम गुण गावै, सौ भगता मेरे मन भावै ॥

भक्ति ही एकमात्र मूल्यवान वस्तु है—

भगति भजन हरि नांव है, दूजा दुक्ख अपार।
मनसा वाचा क्रमनां, कबीर सुमिरण सार ॥

लेकिन भक्ति का मार्ग इतना सरल नहीं है—

सीस उतारे हाथि करि, सो लेखी हरिनाम।
क्योंकि, भगति दुहेली राम की नहिं कायर का काम।

उस मार्ग पर तो अग्नि-परीक्षा देनी पड़ती है—

भगति दुहेली राम की जैसी अगनि की झाल।
डाकि पड़े ते उवरे दाधै कौतिग हार ॥

इस प्रकार कबीर भक्त को बार-बार सचेत करते हैं, भक्ति का द्वार अति सांकरा है, उसमें शीश झुकाकर प्रवेश करना पड़ता है। यह नटविद्या है, जरा सी असावधानी से प्राणों से हाथ धोना पड़ता है। कबीर ने भक्त के लिए सती, पतिव्रता तथा सूरमा की उपमा दी है। भक्त के लिए भगवान से पूर्ण तादात्म्य चाहिए— डा० रामजीलाल सहायक लिखते हैं, 'साधना के चरम लक्ष्य ब्रह्मात्मैक्य के लिए परमेश्वर के गुण-स्वरूपादि का प्रेमपूर्वक अनन्य भाव से चिन्तन एवं मनन करके मन को तदाकार करना ही एक सुलभ उपाय है। इस युक्ति को भक्ति योग कहा गया है।[19]

कबीर की भक्ति वहुत गहन और विस्तृत भाव क्षेत्र में अपना प्रसार किए हुए है। उनकी सहज भक्ति क्लिष्ट यौगिक साधनाओं एवं कठोर तपश्चर्यादि की प्रतिक्रिया में उत्पन्न हुई, जिसका आरम्भ दक्षिण में वताया जाता है। दक्षिण में आडंवार और वंगाल में बाउल भक्तों ने इस प्रकार की भक्ति का प्रचार किया था। महाराष्ट्र में संत ज्ञानदेव ने इसको वहुत प्रतिष्ठा दिलाई। उनकी भक्ति अभेद एवं अद्वैत भक्ति है। निर्गुण भक्ति में ज्ञान एवं भक्ति का सामंजस्य हुआ, इसीलिए कबीर में रागात्मक तत्व आ गया जो सगुण भक्ति का प्रमुख गुण है—

दुलहनी गावहु मंगलाचार,
हम घरि आए हो राजा राम भरतार ॥

इसी प्रकार से 'वहुत दिनन थैं मैं प्रीतम पाये, भागे वड़े घरि बैठे आये।' उसमें लोक जगत के प्रेमभाव का भी संकेत मिलता है—

वाल्हा आव हमारे गेह रे, तुम्ह बिन दुखिया देह रे।

इस प्रकार की उक्तियों के कारण कवीर की भक्ति प्रेमा भक्ति भी कहलाती है।

निर्गुण भक्ति में चैतन्य महाप्रभु की 'सहजिया' भक्ति का तत्व भी मिलता है। यह सहज, बौद्ध दर्शन में परमतत्व समझे जाने वाले शून्य के स्थान में महासुक्ख के रूप में था। सूफियों की प्रेम भावना और विरह का उज्ज्वल रूप भी इसमें आ गया है। कवीर ने सूफियों के प्रेम तत्व के प्रभाव को ग्रहण किया है किन्तु वह काम-भावनाओं और श्रृंगारिकता से वचा रहा है। तुलसी जी ने भी भक्ति को सभी दु खों से मुक्ति दिलवाने वाली कहा है।

भक्ति से संसार का आवागमन छूटता है, यह मन के संशय, भ्रम को दूर करती है, वास्तव में, 'भक्ति मानव हृदय की वह भावना है जो अनन्य रूप में, निष्काम भाव से, किसी सात्विक केन्द्र में केन्द्रीभूत होकर उससे तादात्म्य प्राप्त कर आनन्दित होती है।···आध्यात्मिकता से परिपूर्ण साधक जव इस भाव दशा को सर्वोच्च, सर्वोत्कृष्ट एवं परम केन्द्र भगवान में केन्द्रित करता है और अनन्य भाव तथा अनुराग से उसी में तल्लीन हो जाता है, तव वह भक्ति कहलाती है।'[20]

कवीर ने मन, वचन, कर्म से समर्पित होकर भगवान् की भक्ति करना जीवन की सार्थकता माना है, उनके अनुसार निजस्वरूप नित्य, मुक्त, शुद्ध-वुद्ध निष्काम है, भक्ति प्रेम रूप है।

एक एक सूं मिलि रहया, तिनहीं मचु पाया।
प्रेम मगन लैलीन मन, सो वहुरि न आया॥

कहै कबीर निहचल भया, निरभै पद पाया।
संसा ता दिन का गया, सतगुर समझाया॥

कबीर भाव-विभोर भक्त थे, उन्होंने पौराणिक भक्तों नारद, व्यास, शुकदेव का उल्लेख करने के साथ ही ऐतिहासिक भक्तों जयदेव, नामदेव, प्रह्लाद, का भी वर्णन किया है—

नारद कहै व्यास यों भाषैं, सुखदेव पूछो जाई।
कहै कबीर कुमति तब छूटे, जे रही राम ल्यो लाई॥

× × ×

ता—मन कौं खोजहु रे भाई, तन छूटे मन कहाँ समाई॥
सनक सनदन जै देव नांमी, भगति करी मन उनहुं न जानीं॥
सिव विरंचि नारद मुनि ग्यांनी, मन का गति उनहुं नहीं जानी॥
ध्रू प्रहिलाद वभीषन सेवा, तन भीतर मन उनहूं न देषा।
ता मन का कोइ जाने भेव, रंचक लीन भया सुषदेव॥
गोरष भरथरी गोपीचंदा, ता मन सौं मिलि करै अनंदा।
अकल निरंजन सकल सरीरा, ता मन सौं मिलि रहा कबीरा॥

कबीर का हरि की भक्ति के प्रति उत्कट अनुराग है, राम के प्रति आन्तरिक प्रीति है, वह बाह्यमूलक न होकर मानसिक है, मन के संयम तथा अखंड आस्था के भावलोक से उसका निर्माण हुआ है, भाव-भगति, भक्त की भावना की सच्चाई है, वह सर्वगम्य नहीं है, यही नारदी भक्ति है, ईश्वर में परम प्रेम रूप 'सात्वस्मिन् परम प्रेम रूपा' है—

भगति नारदी मगन् सरीरा, इहि विधि भव तिरि कहै कबीरा।

कबीर ने निर्गुण का साधक होने पर भी नारदीय भक्ति का बार-बार उल्लेख किया है, भक्त के कर्म, आचार ईश्वर समर्पित होते हैं। कबीर इस तथ्य से अवगत थे कि श्रद्धालु समाज के लिए भक्ति जरूरी है, वहाँ तर्कबुद्धि से काम नहीं चलता। भक्ति में आलम्बन का होना अत्यावश्यक है, उसके प्रति विश्वास श्रद्धा होने पर ही भक्त आत्मसमर्पण कर सकता है। वह अपने आराध्य को सर्वशक्तिमान मानकर उसकी कृपा पर निर्भर करता है। इस भाव को स्पष्ट करने के लिए भक्ति-शास्त्र के आचार्यों ने भक्ति की व्याख्या अनेक प्रकार से की है। पतंजलि के ईश्वर-प्रणिधान सूत्र की व्याख्या करते हुए भोज ने कहा है कि 'समस्त फलाकांक्षाओं का त्याग करना एवं समस्त कर्म परमात्मा को समर्पित कर देना ही भक्ति है।'[21] महर्षि नारद के अनुसार 'ईश्वर के प्रति परमप्रेम को भक्ति कहते हैं।'[22] महर्षि शाण्डिल्य ने भक्ति में अनुरक्ति को

प्रधान माना है ।[23] श्रीमद्भागवत में भक्ति का निष्काम भाव होना आवश्यक माना गया है ।[24] श्री शंकराचार्य ने आवृत्ति-रस कृदु-परेशात् सूत्र की व्याख्या करते हुए कहा है कि उत्कंठा युक्त निरन्तर स्मृति को ही भक्ति कहते हैं ।[25] स्वामी रामानुजाचार्य ने भी इसी भाव का समर्थन किया है ।[26] विष्णु पुराण के अनुसार साधक को भगवान् में वैसी ही आसक्ति होनी चाहिए जैसी कि अविवेकी पुरुष की इन्द्रियों में होती है ।[27]

कबीर ने इन सभी तथ्यों का समाहार अत्यन्त सहज रूप में अपनी भक्ति-भावना में किया है—

भगति हेत गावै लैलीनां, ज्यूं बन नाद कोकिला कीन्हां ।।

× × ×

भगति हेतु राम गुन गावैं, सुर नर मुनि दुर्लभ पद पावैं ।।

× × ×

भाव भगति पूजा अरु पाती, आतम राम मिले बहु भांती ।।

कबीर को अपनी भक्ति-भावना पर बड़ा गर्व था, मन की निर्मलता प्राप्त होने पर भगवान् ही भक्त को पुकारता उसके पीछे-पीछे फिरता है—

कबीर मन निर्मल भया जैसा गंगा नीर ।
पाछै लागो हरि फिरहि कहत कबीर कबीर ।।

कबीर निश्चल, निर्द्वन्द्व, निष्काम स्थिति को प्राप्त कर लेना भक्त के लिए नितान्त आवश्यक बताते हैं, ऐसा ही भक्त 'निरभै पद' की प्राप्ति करता है—

कहे कबीर निहचल भया, निरभै पद पाया ।।

ऐसा साधक ज्ञान, विवेक को प्राप्त कर लेता है । कबीर ने भक्ति सापेक्ष ज्ञान को बहुत महत्व दिया है । परमतत्व के ज्ञान के बिना सच्चे प्रेम को प्राप्त करना कठिन है । कबीर ज्ञान को भक्ति के आधार रूप में स्वीकार करते हैं ।

'जो जन जानि जपैं जगजीवन, तिनका ज्ञान न नासा ।।'

ज्ञान की भाँति योग भी भक्ति में सहायक है । योग मन की चंचलता और विषयासक्ति को समाप्त करता है । कबीर ने भक्ति के साधनों में गुरु, सत्संग, इन्द्रिय-निग्रह, निरहंकार, नाम-स्मरण, विश्वास, ज्ञान को विशेष स्थान दिया है । भक्त का आध्यात्मिक विकास केवल शास्त्रीय पुस्तकीय ज्ञान से सम्भव नहीं है, यह अनुभव का विषय है, स्वसंवेद्य है, इसके लिए सदगुरु चाहिए, वही परमतत्व की प्राप्ति का मार्ग बता सकता है ।

डा० रामजीलाल सहायक ने कबीर की भक्ति की तीन अवस्थाएँ बताई

हैं—1. जिज्ञासु भक्ति, 2. निष्काम भक्ति, 3. प्रेम लक्षणा भक्ति। कबीर का साध्य है परम तत्व का, परमपुरुष का ज्ञान, किन्तु व्यक्त के द्वारा ही अव्यक्त तक पहुँचा जा सकता है, इसलिए भक्ति के क्षेत्र में प्रारम्भ में निर्गुण भक्तों ने अव्यक्त के संकेतों का आरोप किया है, नाम और रूप व्यक्त और अव्यक्त के बीच में दुभाषिया होता है। कबीर ने अव्यक्त, अचित्य-ब्रह्म के सापेक्ष गुण, परब्रह्म में आरोपित गुणों वाला स्वरूप अपनाया है। भक्तों ने भगवान् के तीन रूप माने हैं—1. गुणातीत निराकार भाव, 2. चिन्मयी शक्तियुक्त सगुण, 3. विश्वरूप, विराट रूप। कबीर ने इनमें निराकार भाव को स्वीकार किया है—

पूजा करूँ न निमाज गुजारूँ, एक निराकार हिरदै नमस्कारूँ॥

फिर भी दशरथ पुत्र राम को अपना राम न बताकर कबीर कहीं-कहीं भाव-विभोर होकर विनम्र भाव से कह उठते हैं—

भजि नारदादि सुकादि वंदित, चरन पंकज भामिनी।
भजि भजिसि भूषन पिया मनोहर, देव देव सिरोमनी॥

साधना के आरम्भ में भक्त आत्मस्थित रहता है, उसमें और भगवान् में भेद बना रहता है। निर्गुण भक्त होकर भी कबीर ने अपने राम को अनेक नामों से पुकारा है—राम, माधव, गोविन्द, कृष्ण, मुरारी, त्रिपुरारि, विष्णु, वनवारी नारायण, मधुसूदन, भगवान्, चिंतामणि, गोपाल, केशव, कमलापति ब्रह्मा, आदि, महेश, हरि, ईश्वर, सारंगपानी, शिव, अल्लाह, खुदा, करीम, नूर आदि। इसका एक कारण तो यह था कि तत्कालीन भक्ति क्षेत्र में ये नाम प्रचलित थे, दूसरे सभी मत और सम्प्रदाय के लोगों की भावना का प्रतिनिधित्व हो सके, तीसरे भक्ति का रूप सहज और व्यापक हो जाए, क्योंकि निर्गुण ब्रह्म अनन्त, असीम, व्यापक, सर्वातीत, अलख, निरंजन है।

गोरखनाथ ने भी भाव-भगति का महत्व बताया है, क्योंकि अव्यक्त ब्रह्म ज्ञान, ध्यान, योग, नाना साधनों से प्राप्त नहीं होता, अतः उसके लिए भाव-भगति ही एकमात्र आधार है—

भणत गोरषनाथ मछींद्रतां दासा, भाव भगति और आस न पासा।

कबीर ने अपनी भक्ति साधना में सापेक्ष गुणों के अनुसार भगवान् को सृष्टिकर्ता, संहारक, कर्मफलदाता, सर्वशक्तिमान, सर्वव्यापक त्रिभुवननाथ, जगदीश, दयालु, भक्त-वत्सल, सुख-दुःख रहित, अखंड, एकरस, अविनाशी, ठाकुर आदि कहा है। भगवान् और भक्त का घनिष्ठ सम्बन्ध होता है, जो सामान्य जगत-व्यवहार और भौतिकता से ऊपर उठकर होता है। सभी भक्तों

ने भगवान् के साथ कोई-न-कोई व्यक्तिगत सम्बन्ध स्थापित किया हुआ है, कबीर भगवान् को कभी बाप, माँ, प्रियतम के रूप में देखते हैं, जैसे—

'हरि जननी मैं वालक तोरा,' 'वाप राम सुनि वीनती मेरी'

× × ×

हरि मेरा पीव भाई, हरि मेरा पीव

× × ×

हो बलियाँ कब देखोंगी तोही ।

इसी सम्बन्ध से उनका अपने निर्गुण व्रह्म से गहन सम्वन्ध स्थापित हुआ है, जिससे प्रेम तथा अनन्यनिष्ठा की भावना का विकास होता है, समर्पण, शरणागति भाव आते हैं । कबीर पर इस अनुग्रह याचना की दृष्टि से प्रपत्ति का प्रभाव स्पष्ट दिखाई देता है, षट्-नियम उनमें मिलते हैं—

'षट् नेम कर कोठड़ी बाँधी, वस्तु अनूप विच पाई ।'

उन्होंने इनका वर्णन किया है—

1. हृदय की शुद्धता—

'हरि न मिलै बिन हिरदै सूध ।'

2. मान त्याग—

'माया तजि तौ का भया, मानि तजि नहीं जाइ ।
मानि बड़े मुनियर मिलै, मानि सवनि को खाइ ।'

3. रक्षा-भाव—

'अब मोहि राम भरोसो तेरा, और कौन का करौं निहोरा ।'

4. वर्णन, चिन्तन—

'निरमल निरमल राम गुण गावै, सो भगता मेरे मन भाधै ॥

5. आत्म-विक्षेप—

'जो पै पतिव्रता ह्वै नारी, कैसे ही रहौ सो पियहि पियारी ।
तन मन जीवन सौंपि सरीरा ताहि सुहागिन कहै कबीरा ॥'

6. कार्पण्य, दीनता—

'जिहि घटि रामं रहै भरपूरी, ताकि मैं चरनन की धूरी ।'

कबीर की भक्ति वँधी न होकर भी उसमें नवधा भक्ति का सुन्दरतम

वर्णन मिलता है, किन्तु उसमें रागात्मकता प्रमुख है, भक्त भगवान के प्रति नौ प्रकार से आत्मनिवेदन करता है—

1. शरणागत भाव—भक्त में भगवान की शरण प्राप्ति की लालसा निरन्तर बनी रहती है, भगवान् पूर्ण सामर्थ्यवान् हैं—

'अब मोहि राम भरोसा तेरा, और कौन करूं निहोरा ।'

2. कान्ता-भाव—भक्त और भगवान में प्रगाढ़ प्रेम के कारण दाम्पत्य सम्बन्ध स्थापित हो जाता है, वही एकमात्र पुरुष है, अन्य जीवात्माएँ नारियां हैं—

'मैं बौरी मेरे राम भरतार ता कारंनि रचि करौं स्यंगार।'

3. पतिव्रता भाव—पति के प्रति सर्वस्व-न्यौछावर, पूर्ण अनुरक्ति का भाव, भगवान् के प्रति भक्त का सती नारी जैसा भाव होता है—

'सुनु सखी पिउ महि जिउ वसै जिउ माँहि वसै कि पीउ ।'

4. नवोढ़ाभाव—पति का दर्शन किए बिना ही, कल्पना करके उसके प्रति समर्पण करना, भावी पति के प्रति अनुराग, सेवाभाव, उल्लासपूर्ण मिलन की प्रतीक्षा—

'वे दिन कव आवेंगे माई ।
जा करनि हम देह धरी है, मिलवौ अंग लगाई ।।'

5. चातक भाव—इस भाव की सिद्धि के लिए भक्त का एकमात्र लक्ष्य चिन्तन, मनन, श्रवण ही है, उस प्रियतम के अतिरिक्त अन्य कोई वस्तु ग्राह्य नहीं है—

'अंबर घनहरु छाइया वरषि भरे सर ताल ।
चातक ज्यों तरसंत रहै तिनकौ कौन हवाल ।।'

6. अनन्य भाव—सकल विश्व में अपने आराध्य का अनुभव, दर्शन करना और उसी को एक मात्र सामर्थ्यवान मानकर, उसी के भरोसे जीवन-यापन करना ही भक्त का भाव होना चाहिए—

'मैं निहारौं तुझ कौं, स्रवनन सुनहु तुव नाउ ।
बैन उचारहु तुव नाम जी, चरन कमल रिद ठाउं ।।'

7. मधुरा भाव—अनुग्रह की कामना तथा प्रेम की भावना भक्त में निहित रहनी चाहिए । पति-पत्नी का लम्बे समय के पश्चात् मिलन होने जैसा भाव वना रहता है तथा वियोग का सहन न होना, प्रपत्ति भाव को संवर्द्धित करता है—

'हो बलियां कब देखोंगी तोहि।

× × ×

'बहुत दिनन के बिछुरे, माधो, मन नहीं बांधे धीर।'

'सो मेरा राम कबै घरि आवै, ता देखे मेरा जिय सुख पावै।'

8. विशुद्ध प्रीति भाव—भक्त केवल एकमात्र अपने आराध्य के प्रति ही प्रीति-भाव रखता है, वह आत्मदर्शन में तल्लीन रहता है। अन्य कोई भावना या कामना उसके चित्त को विकलित नहीं करती—

'मन मतिवाला पीवै रामरस, दूजा कछूं न सुहाई।'

'जो जाचौं तो केवल राम, आँन देव सुं नाहीं काम॥'

'प्रेम मगन लैंलीन मन, सो बहुरि न आया॥'

9. तन्मयता भाव—इस दशा में भक्त अपने प्रियतम, आराध्य में लीन होकर अपने अस्तित्व को भूल जाता है, पूर्ण एकरसता और तादात्म्य की भाव-दशा का आनन्द लेता है, वह अपने उपास्य के भावों में लीन हो जाता है—

'अब हम तुम एक भये हरि, एकै देखति मन पतियाही।'

इस प्रकार कबीर ने भाव-दशा की साधना द्वारा भाव भगति की है। कबीर ने भक्ति में सहजता, सरलता, सौम्यता उत्पन्न कर प्रभुभक्त बनकर ही उस विराट का साक्षात्कार किया है। जो मनुष्य वास्तव में परमेश्वर का बंधु, मित्र, दोस्त बनकर उससे घनिष्ठ सम्बन्ध स्थापित कर लेता है, वही सच्चा भक्त है। कबीर का मत था कि ब्रह्म भाव को भक्तिपूर्ण ढंग से आत्मसात् करने के लिए कोई विरला ही इस पथ पर अग्रसर होता है। इसलिए कबीर ने प्रेम, ज्ञान, भक्ति का समान रूप से आख्यान किया है। कबीर ब्रह्म के आनन्द को इस भौतिक जगत के समस्त आनन्दों से श्रेष्ठ और वरेण्य मानते हैं, यही दिव्य तत्व है; भक्ति, सामान्य जगत में रहते हुए भी अतिमानस जगत की सिद्धि का अनुमोदन है।'

कबीर भक्ति को ही समग्र सफलता का मूल कारण मानते हैं—

'प्रेम भगति हिंडोलना, सब संतन कौ विश्राम।'

× × ×

'भगति हेत गावै लैलीनाँ, ज्यूं बन नाद कोकिला कीन्हाँ।'

कबीर भक्ति भाव को भक्त तथा समस्त जगत के लिए मंगलविधायक मानते हैं। कबीर भक्ति की उत्पत्ति के लिए प्रेम तथा स्वाभाविक श्रद्धा को उसका साधन बताते हैं। इसके लिए वे सत्संग, साधु जन सेवा, मन का संयम,

अहंकार त्याग, सहनशीलता, संचयवृत्ति से दूर रहना, निम्न प्रकृति और भोगों का त्याग करना, समस्त कार्यों को प्रभु समर्पित करना आवश्यक मानते हैं।

भक्ति में सौन्दर्य भावना रहने पर ही वह उच्च-स्थिति को प्राप्त करती है। भक्तिमय सौन्दर्य, मानव-सत्ता को रमणीय एवं मनोज्ञ भाव से परिपूर्ण कर, उसे विकृतियों से मुक्त कर देता है। गीता में अनन्य भक्ति द्वारा विश्व-रूप को तत्व सहित जानने और उससे सान्निध्य के लिए उससे एकभाव होने का उपदेश दिया गया है। भक्ति में सौन्दर्य का आधार प्रेमभावना होती है, कबीर ने प्रेम और भक्ति को बड़े व्यापक रूप में वर्णित किया है, यह भाव हमें सत्य का अनुभव कराता है, चित्त-वृत्तियों के कालुष्य को दूर करता है, वाणी और चिन्तन को अमृतमय बना देता है, जीवन की संकीर्णताओं को दूर कर हमारे जीवन को विराटता तथा चिन्तन को विशदता प्रदान करता है। कबीर भक्ति को उदात्त भावना का साधन मानते हैं, यही हमारी वृत्तियों का उन्नयन करता है।

कबीर की भक्ति भावना में प्रेम तत्व की रागात्मक माधुर्य भावना इसे कहीं-कहीं वैष्णव भक्ति के निकट ले आती है। इन्होंने वैष्णव भक्त की प्रशंसा की है दूसरे नारदी भक्ति का महिमागान किया है, इसलिए परम्परागत भक्ति का प्रभाव अप्रत्यक्ष रूप से निर्गुण के आवरण में दृष्टिगोचर होता है—

'ऐसी आरती त्रिभुवन तारै, तेज पुज तहाँ प्रान उतारै।
पाती पंच पहुप करि पूजा, देव निरंजन और न दूजा॥
तन मन सीस समरपन कीन्हाँ, प्रकट जोति तहाँ आतम लीनाँ।
दीपक ग्यान सबद धुनि घंटा, पर पुरिख तहाँ देव अनंता।
परम प्रकाश सकल उजियारा, कहै कबीर मैं दास तुम्हारा॥'

इतना होने पर भी कबीर चित्त-शुद्धि, आचरण की निर्मलता कथनी-करनी की एकता को ही भक्तजन के लिए आवश्यक मानते हैं, प्रचलित पूजा-विधान उन्हें मान्य नहीं था—

'राखूँ व्रत न मरहम जाँनाँ, तिसही सुमिरूँ जो रहे निदांनाँ।
पूजा करूँ न निमाज गुजारूँ, एक निराकार हिरदै नमस्कारूँ॥

वैष्णव भक्ति की प्रपत्ति तथा प्रेम तत्व के कारण कबीर में भक्ति की भाव-दशाओं का वर्णन हुआ है। कबीर ने नारदीय भक्ति के परम प्रेमरूप और अमृत स्वरूप भाव को बहुत गहनता से अपनाया है, इस भावदशा को नारद ने आसक्ति कहा है, नारदभक्तिसूत्र में ग्यारह आसक्तियों का उल्लेख किया गया है, संत कबीर ने इन सभी का वर्णन अपनी भक्ति-भावना के संदर्भ में किया है—

1. गुणामाहात्म्यासक्ति—भगवान् के गुणों की भावना में आसक्त होना।

'रसना राम गुन रसि रस पीजै,
गुन अतीत निरमौलिक लीजै॥'

2. रूपासक्ति—आराध्य ही परम सुन्दर है, इस भाव में लीन रहना।

'कंद्रप कोटि जाके लावन धरै
घट घट भीतर मनसा हरै।'

3. पूजासक्ति—भावों द्वारा अपने आराध्य की पूजा भक्ति में लीन रहना—

'चरण कंवल चित्त लाइये, राम नाम गुन गाइ।
कहै कवीर संसा नहीं, भगति मुकति गति पाइ रे॥

4. स्मरणासक्ति—भगवान् के नाम-स्मरण में तल्लीन रहना।

'जपि जपि रे जियरा गोव्यदों, हित नित परमानंदौ रे।'

5. दास्यासक्ति—इष्टदेव को स्वामी और स्वयं को सेवक मानने का भाव—

'जो सुख प्रभु गोविन्द की सेवा, सो सुख राज न लहिये।'

6. सख्यासक्ति—भगवान के प्रति सखा भाव की आसक्ति में लीन रहना—

'चलौ सखी जाइये तहाँ; जहाँ गये पाइयैं परमानंद।
कव देखूं मेरे राम सनेही, जा विन दुख पावै मेरी देही॥'

7. कान्तासक्ति—आध्यात्मिक-भाव में अनुरक्त रहकर अपने को भगवान् की पत्नी मानने के भाव में लीन रहना—

'बहुत दिन थै मैं प्रीतम पाये, भाग वड़े घरि वैठि आये।'

8. वात्सल्यासक्ति—भगवान् को अपने माता-पिता मानने के भाव में लीन होना—

'बाप राम सुनि बीनती मोरी।'
'हरि जननी मैं बालक तोरा।'

9. तन्मयासक्ति—सृष्टि के कण-कण में प्रभु का वास अनुभव कर उसी भाव में तन्मय हो जाना—

'जहाँ देखौं तहाँ राम समाना, तुम्ह बिन ठौर और नहिं आंना।'

10. परम विरहासक्ति—प्रभु की विरह-भावना में लीन रहना—

बिरहिनी फिरै है नाम अधीरा।

+ ×

दीन भई बूझै सखियन कौं, कोई मोही राम मिलावै ।
दास कबीर मीन ज्यूं तलपै, मिलै भलै सचु पावै ।।

11. आत्मनिवेदनासक्ति—प्रभु के सम्मुख विनयशील होकर उससे याचना करना—

गोव्यंदे तुम्हे थैं डरपों भारी, सरणाई आयो क्यूं गहिये, यहु कौन वात तुम्हारी।'
राम राइ मेरा कह्या सुनीजै, पहले वकसि अव लेखा लीजै।'

इस प्रकार कबीर की भक्ति सहज भाव भक्ति है जो प्रेमतत्व से परिपूर्ण है। भक्ति का सार जीवन में 'महान' की घनीभूत अनुभूति है। अरूप को रूप देना निर्गुण भक्ति की सगुण धारणा है। कबीर बड़े साहसी संत थे, वे सूरमा भक्त थे, वे ज्ञान की तलवार लेकर चले थे—

'एक समसेर इक सार वजती रहे, खेल कोई सुरमा सन्त झेलै।

× × ×

'कहैं कबीर सोइ सन्त जन सूरमा, सीस कौं सौंप करि करम ठेलै।'

कबीर में सभी धर्मों के धर्माचारों को अस्वीकर करने का अपार साहस था। उनकी भक्ति लोकविहित थी, वह समाज के दलित और उपेक्षित वर्ग के लिए ही निर्मित और प्रतिष्ठित की गई थी। इसलिए उसमें सभी धर्मों और सम्प्रदायों के प्रभाव की छाया होते हुए भी, कबीर के विचार स्वतंत्र हैं। आचार्य हजारीप्रसाद द्विवेदी इस विषय में लिखते हैं कि भक्ति हृदय की प्रवृत्ति (डिसपोजीसन) है, इसकी दशा और लक्ष्य आध्यात्मिक है। भगवान् का सामीप्य प्राप्त कर उसी के साथ एकात्म हो जाना ही भक्त का लक्ष्य होता है। भगवान के प्रति किए गए प्रेम की सुखानुभूति जिस आध्यात्मिक जगत की चीज है उसको संकेतों में प्रकट करना असम्भव है। क्योंकि वह एक ऐसा अभिनव और अपूर्व अनुभव है कि उसे व्यक्त करने के लिए शब्दों और भाषा की रचना नहीं हो पाई है। इसीलिए भक्तों ने उसे 'गूंगे के गुड़' की उपमा दी है।

वास्तव में ज्ञानोदय के पश्चात् ईश्वर के प्रति सच्चे अहैतुक प्रेम का प्रादुर्भाव ही कबीर की भक्ति है। यह आत्मज्ञान-सम्पन्न भगवद्भक्ति है। ज्ञान का प्रकाश जिस सीमा पर पहुंचकर धुंधला और मलिन हो जाता है, वहीं से भक्ति का आलोक अपनी रहस्य की कुहेलिका का अन्तर्द्वार खोलता है। भक्ति ज्ञानवाद, योगानुभूति की सहज स्वाभाविक परिणति है। भाव-भगति की धारणा को

स्पष्ट करते हुए डा० मुंशीराम शर्मा कहते हैं, 'भाव-भक्ति हृदय प्रसूत होती है। पूजा के आडम्बर में मन का लगाना आवश्यक नहीं है । विधि-विधान एक नियमित अभ्यास चाहते हैं। हृदय की भाव-भूमि से उनका स्पर्श हो भी सकता है और नहीं भी। अधिकतर यही देखा गया है कि नियम सर्वप्रथम वुद्धि से आविर्भूत होता है, तदुपरान्त वह वुद्धि से भी असंयुक्त हो जाता है और गतानुगतिकता का रूप धारण कर लेता है।'

कबीर ने भाव दशा की साधना द्वारा भाव-भगति की साधना की है। कवीर की साधना का लक्ष्य ही भक्ति है। उन्हें हरिदर्शन चाहिए—

'कहत कवीर हमकौ दुख भारी, विन दरसन क्यूं जीवहि मुरार।'

कबीर ने भक्ति और प्रेम का प्रगाढ़ सम्बन्ध स्थापित किया है। वे प्रेमानन्द को हरिरसानन्द कहते हैं। नारद भक्ति सूत्र में कहा गया है, प्रेम को पाकर प्रेमी इस प्रेम को देखता है, प्रेम को ही सुनता है, प्रेम का ही वर्णन करता है और प्रेम का ही चिन्तन करता है, यही भाव की आसक्ति है—'प्रेम खटोलवा कसि-कसि वाध्यों' प्रेम साधक में समदर्शिता उत्पन्न करता है। वह विश्व को प्रेममय, आनन्दमय, कल्याणमय भाव से देखता है। भागवत् पुराण में उस भक्त को जो अपने और पराये का भेदभाव नहीं रखता और सवमें भगवान् को देखता है, जो सकल विश्व में अपने ही स्वरूप को देखता है, उसे सब भक्तों में श्रेष्ठ कहा गया है—

'आपा पर समि चीनिये, तव मिलै आतम राम।'

ऐसी भाव दशा से भक्त का मन केन्द्रित और विकार शून्य हो जाता है।

कबीर ने मन को केन्द्रीयभूत करने के लिए ही भक्ति की योजना की। वे ज्ञान तथा योग साधना का अनुभव प्राप्त कर चुके थे। उन्होंने आत्म-स्थिति की अवस्था द्वारा सामान्य रूप से उपासक और उपास्य का भेद माना किन्तु अव्यक्त व्रह्म के व्यक्त गुणों की कल्पना और आरोप द्वारा भाव भगति स्थापित की। कबीर भावात्मक और प्रेम मूलक निर्गुण भक्ति द्वारा ही सच्ची हरिभक्ति की स्थापना कर सके—

'हरि कौ नाउं तत त्रिलोक सार; लौलीन भये जै उतरे पार।'

इस प्रकार भक्ति की विशेषता थी एकान्तिक से लोकसंग्रहात्मक भावना का प्रसार करना। उनकी दृष्टि में भक्ति अत्यन्त लोकोपयुक्त है। कवीर ने वार-बार भक्ति की महिमा का वर्णन किया है—

भगति बिन भौजलि डूबत है रे।

× × ×

कहै कबीर एक राम भगति बिन, बूड़े बहुत सयाना ।।

प्रेम भक्ति पर बुद्धि और तर्क प्रभाव नहीं होता, इसीलिए कबीर में दृढ़ आस्था और विश्वास था, उन्होंने भक्ति के अतिरेक में अपने को कभी भी पतित नहीं समझा। वे अपनी भक्ति को सती का व्रत मानते हैं।

कबीर तात्त्विक दृष्टि से अद्वैतवादी नहीं थे, उनके निर्गुण राम में और वेदान्तियों के पारिभाषिक निर्गुण ब्रह्म में मौलिक भेद है। कबीर राम को रूप-रेखा, आकार, द्वैत-अद्वैत, भाव-अभाव से परे समझते थे। कबीर ऐसे राम को मानते हैं जो द्वन्द्वातीत, पक्षातीत, द्वैताद्वैत-विलक्षण, त्रिगुणरहित, अपरम्पार पुरुषोत्तम हैं, अकथ, अतीत है। कबीर के पदों, साखियों, सबमें भगवान के प्रति उनके अनन्य भाव की, प्रेम की बड़ी सहज और नैसर्गिक अभिव्यक्ति हुई है। इनकी रचनाओं में मधुरभाव का बीजांकुर मिलता है, इनमें निराकार परमात्मा और जीवात्मा के मिलन तथा वियोग के सुख-दुःख का चित्रण है, किन्तु इसमें भाव की गहराई और प्रेम की व्यंजना सगुण भक्त कवियों से किसी तरह कम नहीं है।

सन्दर्भ

1. आचार्य रामचन्द्र शुक्ल—चिन्तामणि भाग-1, पृ० 32
2. सुरेन्द्रनाथ दास गुप्त—सौन्दर्य तत्व, पृ० 192-93
3. डा० मुन्शीराम शर्मा—भक्ति का विकास, पृ० 6 (प्राक्कथन)
4. रूप गोस्वामी—हरिभक्ति रसामृत सिन्धु, 1—9
5. क० ग्र० पदावली, 6
6. वही, पदावली, 14
7. वही, 68, 156
8. पुरोहित हरिनारायण शर्मा—(सं०) (सुन्दर ग्रन्थावली, प्राक्कथन) पृ० 15
9. वही, पृ० 15
10. हजारी प्रसाद द्विवेदी—हिन्दी साहित्य की भूमिका, पृ० 23 (हैवेल—दि हिस्ट्री आफ आर्यन रूल)
11. रामचन्द्र शुक्ल—हिन्दी साहित्य का इतिहास, पृ० 60
12. हजारी प्रसाद द्विवेदी—हिन्दी साहित्य की भूमिका, पृ० 37
13. वही, कबीर पदावली 48, 148

14. रामचन्द्र शुक्ल—हिन्दी साहित्य का इतिहास
15. केदारनाथ द्विवेदी—कबीर और कबीर पंथ
16. क० ग्र०, पृ० 245
17. वही, पृ० 63
18. रामानन्द—आनन्द भाष्य
19. डा० रामजीलाल सहायक—कबीर-दर्शन, पृ० 348
20. वही, पृ० 353
21. पातंजल दर्शन, प्रथम अध्याय, समाधि पाद 23 वें सूत्री भोज वृत्ति
22. नारद भक्ति सूत्र 6
23 शाण्डिल्य भक्तिसूत्र 9।2
24. श्रीमद्भागवत् 1।2।6
25. ब्रह्मसूत्र शंकरभाष्य 4।1।1
26. ब्रह्मसूत्र रामानुज भाष्य, प्रथम सूत्र का भाष्य
27. विष्णु पुराण, 1।20।19

नाम-सुमिरन

संत साहित्य में नाम सुमिरन की महिमा का वर्णन बड़ी श्रद्धा और प्रेम से किया गया है। साधना के क्षेत्र में नाम सुमिरन की परम्परा अत्यन्त प्राचीन काल से चली आ रही है। नाम की महिमा का रहस्य और श्रेष्ठता को नारद जी ने सनत्कुमार को समझाते हुए कहा है, 'आत्मवित् बनने के लिए नाम ज्ञान प्रथम सोपान है। तू नाम की उपासना कर—नाम से शुरू कर, परन्तु यहाँ तक बन मत जा।'[1] जो नाम को ब्रह्म जानकर उसकी उपासना करता है, वहाँ तक जहाँ तक नाम की गति है, वहाँ तक निर्बाध गति प्राप्त करता है।' वैष्णव भक्ति में नाम को शब्द ब्रह्म कहा गया है। कबीर ने कहा है—

'कबीर कहे मैं कथि गया, कथि गया ब्रह्म महेश।
राम नांव ततसार है, सब काहू उपदेस॥'[3]

नाम साधना, शब्द साधना ही है, गुरु द्वारा शिष्य को प्रदत्र दीक्षा मंत्र ही नाम है, गुरू की शक्ति द्वारा उस नाम की, मंत्र शक्ति बढ़ जाती है। संतों ने सभी प्रकार की साधनाएँ छोड़कर मनुष्य को नाम साधना करने के लिए कहा है, क्योंकि इस सृष्टि के आरम्भ से ही नाम का अस्तित्व था ? कबीर को गुरु द्वारा 'राम' का मंत्र ही नाम साधना के रूप में मिला था, इसीलिए वे राम नाम को ततसार कहते हैं। सन्तों का विचार है कि यह नाम ही उत्पत्ति, पालन और प्रलय करने वाला है। सभी स्थितियों और सभी सृष्टि व्यापारों में नाम ही उपादान रूप में देखा जा सकता है। इसी कारण राम नाम की महिमा अनन्त और अपार है। कबीरदास जी के लिए नाम जाप ही सब कुछ है—

'सो धन मेरे हरि का नाऊं, गाँठिन बाँधौ वेचिन खाऊँ।
नाउँ मेरे खेती नाउँ मेरे वारी, भगति करौं मैं सरनि तुम्हारी॥
नाउँ मेरे सेवा नाउँ मेरे पूजा, तुम्ह बिन और न जानौं दूजा॥

नाउँ मेरे बंधन नाँव मेरे भाई, अंत की बिरियाँ नांव सहाई।
नाउँ मेरे निरधन ज्यूं निधि पाई, कहै कबीर जैसे रंक मिठाई।'[4]

कबीर के लिए नाम ही सम्पूर्ण तत्व है, यह उनके चिन्तन, उनकी साधना का लक्ष्य है, नाम ही मुक्ति का दाता है, वही ब्रह्म से एकता का, उसकी प्राप्ति का एकमात्र साधन है। नाम तत्व सहज भक्ति तथा भक्ति का श्रेष्ठतम साधन है, इसमें किसी प्रकार के विधि-विधान, बाह्य साधनों की आवश्यकता नहीं होती, यह तो अन्तरात्मा की वस्तु है जो भक्त साधक की पवित्रता, निर्मलता को बनाए रहने में सहायक होती है। कबीर ने यह अनुभव किया कि जो लोग बाह्य साधनों से भक्ति करते हैं वे उच्च स्थिति को प्राप्त नहीं करते; उनको सच्चा ज्ञान प्राप्त नहीं होता। नाम तत्व पूर्ण त्याग और शील की अपेक्षा रखता है, ऐसा साधक सांसारिकता से दूर रहता है, वह तुच्छ इच्छाओं का दास बन कर उसके वशीभूत नहीं रहता। नाम से ही वास्तविक ज्ञान की प्राप्ति होती है। योगियों का कथन है कि कुछ शब्दों की मुहुर्मुहुः पुनरावृत्ति से एक बहुत बड़ी शक्ति का प्रादुर्भाव होता है इसीलिए 'ओंकार' को सर्वशक्तिमान कहा गया है।[5]

शास्त्रीय ग्रन्थों भागवत् पुराण आदि में नाम माहात्म्य का वर्णन करते हुए उसके महत्व पर पर्याप्त प्रकाश डाला गया है। नाम तत्व अप्राकृत और चिदानन्दमय है—यह अलौकिक शक्ति-सम्पन्न है। नाम के प्रभाव से ऐश्वर्य, मोक्ष और भगदत प्रेम तक की प्राप्ति की जा सकती है। नामाभास को छोड़कर गुरुप्रदत्त शक्ति से सम्पन्न नाम का यदि विधिपूर्वक अभ्यास किया जाय तो उससे जीव के सभी पुरुषार्थ सिद्ध हो सकते हैं। नाम के जाग्रत होने पर उसके प्रभाव से सद्गुरु की प्राप्ति और तदनन्तर सद्गुरु से इष्ट मंत्र-रूपी विशुद्ध बीज की प्राप्ति हो सकती है।[6] कबीर ने नाम महिमा का वर्णन करते हुए बताया है कि निरन्तर आत्मचिन्तन और ब्रह्म स्मरण करने से समस्त दुःख दूर होकर मनुष्य के कर्म-बन्धन कट जाते हैं। नाम आत्म-चिन्तन की साधना में सहायक होता है, अन्यथा,

'राम नाम अंतरगति नाहीं, तो जनम जुवा ज्यूं हारी।'[7]

यदि अन्तरात्मा नाम तत्व से वंचित है तो मनुष्य का जन्म निरर्थक है, वह मायाग्रस्त होकर अनेक विकारों से पीड़ित रहता है। कबीर ने इस रहस्य को समझ लिया है, वह अमूल्य नाम के गुण को समझ गये हैं—

'कबीर अब तो ऐसा भया, निरमौलिक निज नाऊँ।
पहली काच कबीर था, फिरता ठावैं ठाउँ।।[8]

नाम तत्व हमारे जीवन, हमारे ज्ञान, साधना मार्ग को प्रशस्त करने वाला है, यह अनेक दुविधाओं से मुक्त कर मनुष्य को आनन्द भाव से भर देता है, यह सतत् चित, आनन्द की प्राप्ति का द्वार खोल देता है—

'यह संसार सकल है मेला, राम कहै ते सूचा ।
कहै कवीर नाव नहीं छांड़ों, गिरत परत चढ़ि ऊँचा ।।'[9]

नाम तो ब्रह्म का सामीप्य, उससे तादात्म्य प्रदान कराने वाला है । कबीर को इस समस्त मैले संसार में, केवल नाम ही उज्ज्वल और पवित्र लगा, वे उसे किसी भी स्थिति में नहीं छोड़ना चाहते, क्योंकि यही साधन मनुष्य को भव-सागर पार कराने में सहायक सिद्ध होता है । कबीर सदैव निर्मल नाम सुमिरन करना चाहते हैं, ऐसा भक्त उनको लेशमात्र भी प्रिय नहीं है जो नाम सुमिरन नहीं करता ।[10] नाम की तुलना में कवीर योगी, यति, मुनि, मौनी, जटाधारी, पंडित सिद्ध किसी को भी महत्व नहीं देते, क्योंकि ये बाह्य तत्व तक ही सीमित रहते हैं और नाम तत्व अन्तरात्मा में उजाला कर देता है । आडम्वरी नाम सुमरित करने वाले साधकों में भक्ति भावना तो बहुत थोड़ी होती है और बाह्याडम्वरों का विशाल समूह होता है, ऐसे व्यक्ति भौतिक भार से दवे रहते हैं, वे सच्चे आनन्द का हर्ष उल्लास प्राप्त नहीं कर सकते 'सबद निरंजन राम नाम सांचा ।'[11] वास्तव में नाम सुमिरन भाव-गृहीत गुण विशिष्ट रूप निर्गुण उपासना है, सूफी लोग नाम सुमिरन को 'जिक्र' कहते हैं । यह अन्तरंग साधना है । कबीर के लिए मात्र वैखरी वाणी से नामोच्चारण या माला फेरने का ही अभिप्राय नहीं है, उनके लिए नाम परमात्मा का ऐसा प्रिय प्रतीक है जो निश्चित रूप से परमात्मा से आत्मा की अभिन्नता अनुभव करा देता है ।[12] यह आत्म चैतन्य का मंत्र है, सच्चा भगवतस्मरण है । नास साधक संयम और निष्ठा से नाम साधना करते-करते उचित समय पर साक्षात्कार प्राप्त करते हैं और उन्हें हृदय की ऐकान्तिक व्याकुलता की फल प्राप्ति होती है । वाच्य और वाचक में जो स्वाभाविक सम्वन्ध रहता है उसकी तथ्यता की उपलब्धि नाम साधक सहज में ही कर सकते हैं । साधक को नामाभास और नामापराधों का त्याग कर नाम-ग्रहण करना चाहिए । क्योंकि संस्कार युक्त नाम अर्थात् शोधित नाम जाग्रत शक्ति स्वरूप है । इस सजीव शक्ति की तुलना में प्राकृत साधकों की सारी शक्तियाँ नगण्य हैं ।[13] कबीर को नाम शक्ति अपने गुरु रामानन्द से प्राप्त हुई थी जिसने उनके सारे दुःख-द्वन्द्व को मिटा दिया—

'सद्गुरु के परताप तें मिटि गयी सब दुःख-दर्द ।
कह कवीर दुविधा मिटी, गुरु मिलिया रामानन्द ।।'[14]

गुरु ने राम नाम का अलौकिक वीज कबीर के हृदय में वो दिया था । वे

रामनाम की अपरम्पार महिमा को जान गए थे, नामरस का पान कर कबीर महारस की छाक में डूब जाते हैं—

छाकि परयो आतम मतिवारा, पीवत राम रस करत बिचारा।[15]

वड़े-वड़े भक्त भी इस रस को पीते-पीते अघाते नहीं, वे निरन्तर इस महारस में डूबे रहना चाहते हैं. फिर उन्हें कोई दूसरी वस्तु नहीं भाती—

'मन मतिवाला पीवै राम रस, दूजा कछु न सुहाई।'[16]

क्योंकि,

राम रस पाइया रे, ताथें विसरि गये रस और॥[17]

यह रामरस मोक्षदाता है, परमपद, निजपद, हंस दशा को प्रदान करने वाला है।

कोई पीवै रे रस राम नाम का, जो पीवै सो जोगी रे।[18]

यह योग की परम उच्च स्थिति में पहुँचाने वाला है। कबीरदास जी का विचार है कि नाम की डोर के सहारे भक्त भवसागर को पार कर सकता है, यह भक्त को निष्काम, निर्भय बनाकर उसे आत्मसाक्षात्कार की स्थिति में पहुँचा देता है, आत्मा के दर्पण को नाम द्वारा ही मांजा जा सकता है। कबीर आत्मलीन होकर ब्रह्मज्योति का दर्शन करते हैं। स्मरण में मन अपनी समस्त वृत्तियों सहित नाम में तल्लीन हो जाता है, तब साधक और साध्य का भेद लुप्त होकर दोनों में अभेद्य सम्बन्ध स्थापित हो जाता है। भक्त रामनाममय हो जाता है। नाम मनुष्य को खंड से मुक्त कराकर अखंड में स्थापित कर देता है। नाम सुमिरन का साधक हठयोगी न होकर सहजयोगी होता है—वह शरीर को वश में करने की साधना की अपेक्षा मन को संयमित करने की साधना करता है, तभी 'महान की घनीभूत अनुभूति' जो भक्ति का सार है, साधक को प्राप्त होती है। हृदयशुद्ध और निर्मलदर्पण बन जाता है। सबसे महत्वपूर्ण बात है कि नाम साधक स्वतंत्रचेता और मुक्त भाव से विचरण करने वाला होता है, उसके घट में समस्त ब्रह्माण्ड का रूप खिल उठता है। काया कमल खिल उठता है। ब्रह्म को ग्रहण करने में आँख और वाणी असमर्थ होती हैं।[19] नाम साधना द्वारा जीवन में जो अन्दर हो वही वाहर हो और जो वाहर हो वही अन्दर हो, ऐसी एकरसता वन जाती है।[20] व्यष्टि समष्टि का रूप धारण कर लेती है, आत्मा का अनन्त प्रसार होता चला जाता है और क्षुद्र संकीर्णता नष्ट होती चली जाती है। परम-चेतना के अद्भुत आनन्द को कबीर की ससीम वाणी अभिव्यक्त करने में असमर्थ सिद्ध होती है—

'कबीर परमानन्द मनाए, अकाथ कथ्यो नहीं जाई।'[21]

उस परम सत्ता के साक्षात्कार के पश्चात् साधक का अन्तर्जगत अनन्त आनन्द से परिप्लावित हो उठता है, उसका जीवन संतोषमय हो जाता है।

'राम को नांव परमपद पाया छूटे विघन विकारा।'[22]

नाम इस भवसागर से पार कराने वाला जहाज है, दास कबीर उसी के सहारे पार उतर गए—

नाम जिहाज खेवइया साधू, उतरे दास कबीरा।[23]

कबीर नाम के द्वारा चित्त को चेतनाभूमि का आधार बना कर चैत्य अनुभूति को सुदृढ़ करने पर बल देते हैं—

'राम नाम तिहूँलोक मैं, सकल रहस्या भरपूरि।'[24]

नाम का एक अणु मात्र भी हृदय में आ जाने से करोड़ों कर्मों का जाल क्षण भर में नष्ट हो जाता है, सारे संसार के पदार्थ नश्वर हैं, अविनाशी तो केवल नाम ही है। सन्त कवियों ने अनन्त परमेश्वर के अनन्त नाम बताए हैं। उसे किसी एक विशिष्ट नाम में नहीं बाँधा जा सकता। नाम का स्वरूप ही सापेक्षिक है, उसके नाम का अनुभव हुए बिना हम उसका व्यवहार नहीं कर सकते। कबीरदास जी नाम के मर्म, उसके आन्तरिक महत्व को जानने के लिये कहते हैं, सब लोग राम का नाम लेते हैं किन्तु उसकी मूलभावना, उसके रहस्य को कोई नहीं जानता[25]—

'राम राम सब कोई कहै, 'नाम' न चीह्ने कोय।
नाम कहे सत गुरु मिले, 'नाम' कहावै सोय॥'

नाम सर्वसिद्धिदायक साधन है, वह सद्‌गुरु की प्राप्ति में सहायक होता है। यह नाम तत्व इन्द्रियातीत है। यह समस्त सृष्टि में व्याप्त वाक् तत्व है, स्वयमेव ही हमारे अन्दर गतिमान रहता है, इसके लिए मुख की आवश्यकता नहीं होती, यह ऐसा जप है जो अजपा होता है जैसे ब्रह्म समस्त सृष्टि में व्याप्त होकर भी निर्गुण है वह अगम, अगोचर, अलख है, वह निर्गुण ही परम सिद्धिदायक 'नाम' है, ब्रह्म और नाम में अन्ततः कोई अन्तर नहीं, वह नामाभास नहीं है—

'अपरंपार का नाउ अनंत, कहै कबीर सोई भगवंत॥'
कोटि नाम संसार में ताते मुक्ति न होय।
आदि नाम जो गुप्त जप बूझे बिरला कोय॥'[26]

यह तो आदिनाम है, आदि पुरुष का नाम है, जिसको जानना सरल नहीं

है, इस गुप्त स्मरण को कोई बिरला साधक ही जानते हैं, इसके लिए बड़ी साधना की आवश्यकता होती है, किन्तु गुरु कृपा से यह अत्यन्त सरल हो जाता है। यह परावाणी सृष्टि के कण-कण में आलोकित है, किन्तु इसकी दिव्यता को सच्चा साधक ही अनुभव कर सकता है, यह कबीर दास जी का महामन्त्र है, जिसके सहारे बड़े बड़े सन्त, भक्त ही नहीं, पापीजन भी मोक्ष प्राप्त कर लेते हैं—

'मन रे राम सुमिरि, राम सुमिरि, राम सुमिरि भाई।
राम नाम सुमिरन बिनै, बूड़त है अधिकाई॥'
दारा सुत ग्रेह नेह, सम्पति अधिकाई।
यामैं कछु नाहि तेरौ, काल अवधि आई॥
अजमेल गजगनिका, पतित कर कीन्हीं।
तेऊ उतरि पारि गये, राम नाम लीन्हौं॥
स्वान सूकर काग कीन्हौं, तऊ लाज न आई।
राम नाम अमृत छांडि, काहे विष खाई॥
तजि भरम करम विधि नखेद, राम नाम लेहीं।
जन कबीर गुर प्रसादि, राम करि सनेही॥'[27]

सभी पापों, भवपीड़ा, भवबन्धनों, माया मोह से मुक्त होने के लिए राम नाम ब्रह्मास्त्र है, अचूक औषधि है, कैसा विचित्र अगाध विश्वास है सन्त कबीर के हृदय में। यदि ऐसी ही विश्वास भावना मनुष्य के हृदय में हो तो फिर उसे किसी से भी भयभीत होने की आवश्यकता नहीं। किन्तु मनुष्य इस नाम चिन्तामणि को छोड़कर दारा, सुत, धन, सम्पति में ही लीन रहता है, वह उनको छोड़ना नहीं चाहता जो उसकी डुबो देना चाहते हैं ओर जो भवसागर पार करा देने वाला है, उसको ग्रहण नहीं करना चाहते। भक्त प्रह्लाद इस दृढ़ आस्था के सच्चे साधक हैं जो किसी भी मूल्य पर नाम तत्व को छोड़ना नहीं चाहते, चाहे उनको मार ही क्यों न दिया जाए, वह राम नाम के सिद्धि मन्त्र को प्राप्त करने के पश्चात् कुछ भी नहीं चाहते—

'नाहीं छाड़ी बाबा राम नामः मोहि और पढ़न सूं कौन काम।'[28]

उन्होंने तो अमूल्य हीरे नाम तत्व को हृदय में धारण कर लिया है, वह नाम ही तीनों लोकों की शोभा है, उससे अज्ञानाधकार ही दूर नहीं होता तीनों प्रकार की व्याधि दूर हो जाती हैं—

'राम नाम हिरदै धरि, निरमोलिक हीरा।
सोभा तिहूँ लोक, तिमर जाय त्रिविध पीरा॥'[29]

कबीर की दृष्टि में नाम-तत्व सर्वथा अद्वैत है, उसका कोई चिह्न नहीं,

उसमें किसी भेद का आरोपण नहीं किया जा सकता। वह भेदातीत तत्व है, नाम तत्व अन्तः स्फुरित और अनुभव की वस्तु है, वह अन्तःसाधना का रहस्य भाव है। सुरति साधना का आधार भी यह नाम तत्व ही है। यही शब्द योग, लय योग है, उन्मनी अवस्था को प्राप्त करने का साधन है। कबीर नाम को राम के रूप में स्वीकार करते हैं क्योंकि उनके गुरु द्वारा दिया गया यही मंत्रशब्द है जिससे उन्हें अद्वैतानुभव हुआ है। कबीर दास ने नाम अथवा शब्द साधना की केवल प्रतिष्ठा ही न की थी, वरन् इसको अपने उपदेशों और वाणी के माध्यम से भी जनसामान्य तक पहुँचाने का प्रयत्न किया था।

कबीर का सबसे महत्वपूर्ण योगदान यह भी है कि उन्होंने उस नामतत्व को जो कुछ सम्प्रदायों, मठों अथवा शास्त्रों तक ही सीमित रह गया था, साधारण जनता जिससे वंचित रही, जिसे क्लिष्ट और दुरुह कह कर सामान्य व्यक्ति को उसके निकट नहीं जाने दिया गया था, उसी को उन्होंने जन-जन के हृदय तक पहुँचाया। नाम लेने से मनुष्य का हृदय सत्य, सन्तोष, धैर्ययुक्त हो जाता है, काम, क्रोध, मद, मत्सर, लोभ, मोह, तृष्णा, ईर्ष्या, द्वेष, अहंकार की दुर्वृत्ति उसे संतप्त नहीं करती, जरा, मरण का भय उसे नहीं रहता—

तहाँ जो राम नाम ल्यौ लागें, तौ जरा मरण छूटैं भरम भागे।[30]

नाम तत्व तो अभयपद प्रदान करने वाला है—

'हरि को नांव अभय पददाता, कहै कबीरा कोरी।'[31]

नाम सुमिरण हृदय को निर्मल कर देता है, साधक उस परम निर्मल तत्व से एकमेक होकर उसमें समा जाता है—

'जब मन निरमल करि जानों, तब निरमल माँहि समाँना॥'[32]

नाम का रहस्य गहन से गहनतर होता जाता है, जब वह उपाधि मात्र होता है। नाम परावाणी का विषय है। शास्त्रों में नाम को तीन गुणों से परे और अनुपम वर्णित किया गया है, कठोपनिषद में कहा गया है इस नाम का आश्रय ही सबसे उत्तम है, इसका अवलम्बन सबसे महान है, इस रहस्य को समझकर जो साधक श्रद्धापूर्वक और प्रेमपूर्वक इस नाम पर निर्भर रहता है, वही मनुष्य इस लोक और ब्रह्म लोक में महिमा पाता है।[33] कबीर कहते हैं कि जो व्यक्ति नाम को लेकर चेतन रहता है, ध्यान करता है, उसका गोविन्द साथी रहता है।[34] उस साधक के लिए राम नाम का रस बहुत मीठा होता है, इसलिए वह बारम्बार उसका रसास्वादन करता रहता है।[35] राम नाम ही नरक से मुक्ति दिलाने वाला है, अन्य कोई साधन नहीं है।[36] कबीरदास जी कहते हैं—

'कहे कबीर कछूँ आँन न कीजै, राम नाम जपि लाहा दीजै।'[37]

इस संसार की समस्त साधनाओं का लाभ एक मात्र राम नाम से ही प्राप्त हो सकता है। कबीर लोई को भी यही उपदेश देते हैं—

'कहत कबीर सुनहु रे लोई, राम नाम विन और न कोई।[38]

नाम महिमा का गुणगान करते वे उसे बार-बार तीनों लोक में पुरुषार्थ का एक मात्र फल मानते हैं, इस नाम में ध्यान होने पर व्यक्ति भवसागर पार कर लेता है—

'हरि को नाम तत त्रिलोक सार, लौलीन भये जे उतरे पार।'[39]

× × ×

'राम नाम निज अमृत सार, सुमिरि सुमिरि जन उतरे पार।'[40]

कबीर के लिए तो इस जीवन का आदि-अन्त, प्राप्तव्य, लक्ष्य, पुरुषार्थ, ब्रह्मसाधना सभी कुछ नाम सुमिरन है। इनकी बानी ही नाम है, वह उसका सार-तत्व, अमृत तत्व है जो जन-जन को अपने भावभीने माधुर्य से रसप्लावित कर देता है, साधक रसमग्न होकर आतम रस का आनन्द लेता है। वही जिह्वा सफल है जो नाम लीन रहती है। इसका आनन्द गुणतीत होता है। यह सांसारिक विषयातीत है और साधक को शाश्वत आनन्द देने वाला होता है। साधना द्वारा जो नाम स्वतः स्फूर्त होता है, उसका आनन्द लोकोत्तर होता है। सच्चा साधक नाम जप के फल द्वारा ही अपने प्रियतम ब्रह्म का दर्शन करने में सफल होता है। इसलिए समस्त विश्व के साधना क्षेत्र में नाम जप का, इसके सुमिरन का वर्णन अत्यन्त विशद रूप में हुआ है। ब्रह्मज्ञान, उसके रहस्य, उसकी लीला, मोक्षपद, निससार, अमृतपान का एकमात्र साधन साधकों की दृष्टि में 'नाम तत्व' ही है।

संदर्भ

1. छा० 7।1।4
2. वही, 7।1।5
3. क० ग्र०, सुमिरण कौ अंग, साखी 2
4. चौहान—कबीर साधना और साहित्य, पृ० 243
5. केशनी प्रसाद चौरसिया—मध्यकालीन हिन्दी : सन्त विचार और साधना, पृ० 425
6. गोपीनाथ कविराज—भारतीय संस्कृति और साधना, भाग 2, पृ० 49

7. क० ग्र०, पदावली 134
8. वही, 8 (उपजाणी कौ अंग)
9. वही, पदावली 129
10. वही, 124
11. वही, 142
12. उर्वशी सूरती—कबीर जीवन और दर्शन, पृ० 125
13. गोपीनाथ कविराज—भारतीय संस्कृति और साधना, पृ० 327
14. रामकुमार वर्मा—सन्त कबीर साहब 18
15. क० ग्र०, पदावली 73
16. वही, 74
17. वही, 75
18. वही, 71
19. म० 3।1।8
20. अथर्व 2-30-4
21. क० ग्र०, पदावली 36
22. वही, 267
23. वही, 189
24. वही, मृतक कौ अंग, साखी 8
25. वही, पदावली 218
26. वही, 327
27. वही, 320
28. वही, 339
29. वही, 321
30. वही, 328
31. वही, 346
32. वही, 263।
33. कठो०, 2-16
34. क० ग्र०, 185
35. वही, 296
36. वही, 346
37. वही, 355
38 वही, 367
39. वही, 380
40. वही, 394

कबीर की सुरति-शब्द योग-साधना

मध्यकाल में सुरति-शब्द योग-साधना का बहुत प्रचलन था तथा जनसाधारण में इसके प्रति रुचि और आकर्षण था। कबीर मूलतः एक साधक थे, अध्यात्म और तत्त्व ज्ञान का अनुभव उनका क्षेत्र था। उनकी बानी गूढ़ आध्यात्मिक अनुभवों का भंडार है जिसमें उन्होंने अपने साधना-अनुभवों का मनोहर और आह्लादकारी चित्रण किया है। ये उनके आत्मप्रेरित आध्यात्मिक संसार का परिचय पाठक को देते हैं तथा मन और सृष्टि में निहित गूढ़ रहस्यों से अवगत कराते हैं। कबीर तथा अन्य सन्त साधकों ने इस साधना के माध्यम से शरीर में निहित अनेक रहस्यमय शक्ति केन्द्रों और स्रोतों की खोज की तथा मनुष्य को परमोच्च लक्ष्य की प्राप्ति के लिए प्रेरित करते हुए उसका मार्ग-दर्शन करने का प्रयत्न किया है। इस प्रयोजन की सिद्धि के लिए कबीर ने सुरति-शब्द-योग का साधन प्रयोग किया है। सुरति के साथ निरति का सम्बन्ध योग की दृष्टि से स्वयमेव ही जुड़ जाता है—

सुरति समानी निरति मैं, निरति रही निरधार।
सुरति निरति परचाभया, तब खुलै स्यंभ दुआर॥
सुरति समांणी निरति मैं, अजपा माँहैं जाप।
लेख समांण अलेख में, यूँ आपा माहैं आप॥[1]

सुरति साधना मानसिक साधना है, अजपाजाप है, लययोग है, यही ध्यान-योग है। इसके द्वारा साधक आन्तरिक अवस्थाओं का पर्यवेक्षण कर उपलब्ध ज्ञान द्वारा परम तत्व का साक्षात्कार करता है जिससे उसे आत्मदर्शन की उपलब्धि होती है। साधक मन को बाह्य वृत्तियों से हटाकर अन्तर्जगत की ओर उन्मुख करने का प्रयत्न करता है वह उसे एक बिन्दु पर, एक स्थान पर स्थिर कर लेता है जिससे उसके मन की चंचलता समाप्त होकर वह संयमित हो जाता है, और साधक में एक विशेष प्रकार का वृत्ति प्रवाह जाग्रत होता है तथा उस

वृत्ति विशेष के अतिरिक्त अन्य सभी वृत्तियाँ समाप्त हो जाती हैं। इस प्रकार की साधना हठयोग के विपरीत है, क्योंकि इसमें मन का दमन न कर उसका शमन करना पड़ता है। ध्यान-योग सुरति-साधना एक अभ्यास है, साधक के निरन्तर ध्यान करने के फलस्वरूप जब मन की समस्त वृत्तियाँ एक लक्ष्य पर केन्द्रित हो जाती हैं, तो समस्त बाह्य बन्धन टूट जाते हैं और तब परमतत्त्व से एक रस होने पर लयावस्था की सिद्धि होती है, साधक ब्रह्ममय होकर परमानन्द की स्थिति में पहुँच जाता है—

'थिति पाई मन थिरभया, सत गुरु करी सहाइ।
अनिन कथा तनि आचरी, हिरदै त्रिभुवन राइ ॥'[2]

इस परमसाध्यावस्था की प्राप्ति सद्गुरु की कृपा से, उसके मार्गदर्शन से होती है। कबीरदास जी कहते हैं कि इस साधना से मन स्थिर होकर, शान्ति का अनुभव करता है इस साधना की कथा अवर्णनीय है, शरीर ने एक विशेष आचरण-पालन किया है, जिसके परिणामस्वरूप त्रिभुवनराइ हृदय कमल में विराजमान हो गए हैं, साधक का तन, मन में समाहित हो जाता है, उसका बाहर संसार से कोई सम्बन्ध ही नहीं रहता, सांसारिक विकारों की ज्वाला बुझकर परमशीलता का अनुभव होता है और साधक आनन्दलीन हो जाता है—

तत पाया तन बीसरया, जब मुनि धरिया ध्यान।
तपनि गई सीतल भया जब सुनि किया असनान ॥[3]

कबीर के मतानुसार सुरति शब्द योग महारस का आस्वादन कराने का साधन है, इसी के द्वारा नादानुसंधान और अनहद नाद का श्रवण होता है। इसमें साधक अपनी सुरति को अपने भीतर उठने वाले अनाहद नाद से जोड़ने का प्रयास करता है।

सुरति का सामान्य अर्थ है—स्मृति, स्मरण, जो संस्कृत के स्मृति से निकला है, 'म' का लोप 'ऋ' का 'उ' में परिवर्तन और उसके संसर्ग से 'र' का आगम—इस प्रकार सुरति शब्द सिद्ध हुआ। डा० बड़थ्थवाल ने लिखा है, 'वह योग जिसके द्वारा सुरति एवं शब्द का संयोग सिद्ध होता है और उक्त सीमाएँ शब्द में लीन हो जाती है, शब्द-योग अथवा सुरति-शब्द-योग कहा जाता है।'[4]

विद्वानों में सुरति शब्द पर पर्याप्त मतभेद है, अतः इस सम्बन्ध में विचार करते हुए उन्होंने अपना-अपना मत अभिव्यक्त किया है। बाबू सम्पूर्णानन्द सुरति को स्रोत का बिगड़ा हुआ रूप मानते हैं और इसका अर्थ चित्तवृत्तियों का प्रवाह करते हैं। आचार्यक्षिति मोहन ने 'सुरति' से प्रेम का अर्थ लिया है।[5] आचार्य हजारीप्रसाद द्विवेदी के मतानुसार, 'सुरति' मूलरूप में स्मरण या

स्मृति ही है, पर यह स्मृति अन्तरतम में बैठे हुए किसी परम प्रियतम की है।[6] डा० रामकुमार वर्मा सुरति को सूफीमत की साधना सूरते इलहामिया से जोड़ते हैं और इसका अर्थ 'आध्यात्मिक किरण' मानते हैं।[7] श्री माधव प्रसाद का कथन है कि सुरति स्वरत का रूप है, जिसका तात्पर्य है अपने में लीन हो जाना।[8] कबीर साहित्य के विद्वान् श्री पुरुषोत्तम लाल श्रीवास्तव के अनुसार 'सुरति' का आगमन 'श्रुति' से हुआ है। उनके अनुसार अन्तर्नाद या अन्तरात्मा के शब्द (श्रुति) को सुनने के लिए श्रुति (श्रवण वृत्ति) को बाह्य व्यक्त शब्दों से हटाकर एकाग्र और अन्तर्मुखी करना आवश्यक है। आचार्य परशुराम चतुर्वेदी के विचारानुसार कबीर साहब ने मन को अपने वश में लाने के लिए कतिपय युक्तियों का प्रयोग किया है, 'कबीर साहब ने इसके लिए नाम-स्मरण का एक बहुत ही उपयोगी साधन चुना हैं। उन्होंने उसे 'सुरति-शब्द-योग' का क्रियात्मक रूप भी दिया है जिसके द्वारा मन पर पड़ने वाले सुदृढ़ प्रभाव का रहस्य भी भली भाँति समझ में आ सके। इस योग की साधना में अपनी 'सुरति' को अपने भीतर निरन्तर उठते रहने वाले 'अनाहदनाद' के साथ सद्गुरु की वतलायी युक्ति द्वारा जोड़ना पड़ता है। वह अनाहतनाद ही वस्तुतः भगवन्नाम है और अपने मन का ही एक सूक्ष्म रूप वह सुरति भी है जिसे उसके साथ जोड़ना आवश्यक होता है। ऐसा करने पर हमारे मन को कहीं इधर-उधर भटकने का बहाना नहीं मिलता और वह उस 'नाम' के ही रंग में रंग कर तद्रूप वन जाता है।'[10]

इस प्रकार सुरति साधना में ब्रह्म के स्मरण में लीन रहना उसके प्रति प्रेम भाव रहना, चित्तवृत्तियों का समंजन, आध्यात्मिक प्रकाश, अपने में लीन होकर परमानन्द का अमृतरस पान करना, ब्रह्म से आनन्दमय निर्विकार भाव से तद्-रूप होना और समस्त चित्तवृत्तियों को अन्तर्मुखी करने का अभ्यास होता है। यह नाम सुमिरन की एक गहन,ध्यानावस्था है। कबीर ने इस सुरति की दशा का वर्णन बड़े मनोयोग और सहज रूप में किया है—

'बाहरि षोजत जनम गंवाया, उनमनी ध्यान घट भीतरि पाया।'[11]

× × ×

देखत कांच भया तन कंचन, बिना वानी मन मांनां।

× × ×

अपनै परचै लागी तारी, अपन पै आप समांनां।[12]

× × ×

उस आनंद सूं लौ लाऊंगा, तौ मैं बहुरि न भौजलि आऊंगा।[13]

× × ×

आतमलीन अषंडित रामां, कहै कबीर हरि मांहि समांनां।[14]

कबीर में आत्मानुभूति की इस प्रकार की अनेक उक्तियाँ मिलती हैं जब वे ब्रह्म तत्व से एकरस होकर महारस का पान करते हैं। संत हृदय परमतत्व के साथ तद्रूप होकर उस आनन्द रूप का साक्षात्कार कर भव बन्धनों से मुक्ति का अनुभव करता है, वह समदर्शी होकर आत्मप्रज्ञा के सत्य रूप को प्रस्फुटित होते देखता है। तन, मन से अहंकार लुप्त हो जाता है, वह सत, रज, तम गुणातीत होकर अद्भुत गति विस्तार का दृश्य देखता है। 'राम रसाइन रसिक है, अद्भुत गति विस्तार जी।'

तन रंजित तब देखियत दोई, प्रगट्यौ ग्यांन जहाँ तहाँ सोई।[15]

कबीर सहजमार्गी सन्त थे, हठयोग की क्लिष्ट साधनाओं के प्रति उनकी रुचि नहीं थी और न ही वे जनसाधारण के उपयुक्त थी, इसलिए मन की चंचल-वृत्ति को एकाग्र करने के लिए उन्होंने सुरतियोग, लययोग की साधना की थी, यही शब्दानुसंधान है। प्रणव शब्द ब्रह्म का प्रतीक है। महर्षि पतंजलि ने 'तस्य-वाचक', 'प्रणव'[16] कहकर शब्द ब्रह्म की महिमा बताई है। इस सृष्टि का मूल 'शब्द' को स्वीकार किया गया है और उसमें अन्तर्निहित तत्त्व को अभिव्यक्त करने को 'अर्थ' कहा गया है। शब्द से अर्थ चैतन्य से है, यही वह सर्वातिशयी प्रेरक शक्ति है जो जीवात्मा को कर्ता और कर्म के द्वैत रूप में सांसारिक ज्ञान कराती है। अद्वैत संसार का द्वैत रूप में प्रतिभास इसी प्रेरक शक्ति के कारण होता है। द्वैत की स्थिति को अद्वैत बनाना इस साधना में आवश्यक है क्योंकि लोकोत्तर ब्रह्म अशब्द, निर्विषय और प्रयत्नहीन है।

शब्द विषयक मान्यता संसार के सभी धर्मग्रन्थों और तत्व-चिन्तन में पाई जाती है। ईश्वर शब्दोच्चारण करता है और संसार की सृष्टि होती है। हेब्रू धर्म ग्रन्थों में दैवी शब्द की अवधारणा सर्जन शक्ति के रूप में की गई है। बाइबल में कहा गया है—

"In the begining was the word, and the word was with God and the word was God. The same was in the begining with God."

ईसाई धर्म में शब्द ही सृष्टि का मूल कारण तत्त्व है। यूनान में शब्द को लोगस (Logos) कहा गया है जो विचार के उद्देश्य को प्रकट करता है।[18] विचार से ही इस भौतिक संसार की सृष्टि हुई है। कबीर भी मानते हैं कि ब्रह्म ही इस सृष्टि में आरम्भ में था, उसी के संकल्प और इच्छा के कारण विश्व की सृष्टि हुई है। वाक् ने ब्रह्म की इच्छा को व्यक्त किया और विराट् वाक् 'शब्द' ही विश्व ब्रह्माण्ड के रूप में सृष्ट हुआ। यह जगत् शब्द प्रभाव है। वाक् ने स्वयं कहा है, 'मैं उसका भी निर्माण करती हूं जिसका कठिनाई से अतिक्रमण

होता है।'[19] वाक् के द्वारा ही ब्रह्म का साक्षात्कार होता है, वाक् अमृत है. अजन्मा है।[20] जेड़-चेतन शब्द-संभूत है। शंकराचार्य के मतानुसार मन द्वारा ब्रह्म वाक् से संयुक्त हुआ और सृष्टि की अवधारणा हुई। कबीर भी शब्द को ही मूल सत्य मानते हैं, वे शब्द-ब्रह्म में पूर्ण आस्था रखते थे। उन्होंने ध्यान लगाने के लिए शब्द का चिन्तन करने के लिए कहा है—

'ऐसा ध्यान धरौ नरहरी, सबद अनाहद चिंतन करी।'[21]

शब्द नित्य, सर्वत्र व्याप्त है—

'अनहद शब्द उठै झनकार, तहं प्रभु बैठे समरथ सार।'[22]

शब्द की अवस्थिति स्पन्दनशीलता में ही होती है। संवेदन और संवेग का स्पन्दन मन में ही होता है, वह शब्द ही है। मानसी क्रिया के द्वारा मन में किसी पदार्थ का सारवृत्ति रूप में उदय होता है, जो वाह्य पदार्थ अथवा वस्तु का प्रतिरूप होता है। साधना द्वारा मन इष्ट से तदाकार हो जाता है। इससे वह परिशुद्ध होकर अध्यातम योग्य बनता है। सुरति-शब्द योग के लिए कबीर इसी शब्द-साधना के लिए कहते हैं—

'साधौ शब्द साधना कीजै।
जे ही शब्द ते प्रगट भये सब, सोई शब्द गहि लीजै।
शब्द गुरु शब्द सुन सिख भये, शब्द सो विरला बूझै॥
शब्द वेद पुरान कहत हैं, शब्दै सब ठहरावै।
शब्दै सुर मुनि संत कहत हैं, शब्द भेद नहीं पावै॥
षडदर्णन सब शब्द कहत है शब्द कहैं वैरागी।
शब्दै काया जग उतपानी, शब्द केरि पसारा॥'[23]

नाथ सम्प्रदाय की योगसाधना में भी शब्द साधना को ही लययोग और परम साक्षात्कार के लिए सहायक वताया गया है। गोरखनाथ शब्द को इस ब्रह्म-सृष्टि का मूलमन्त्र मानते हैं—

'सबदहिं ताला सवदहिं कूंजी, सबदहिं सबद जगाया।
सवदहिं सबद सूं परचा भया, सबदहिं सब समाया॥'[24]

सब कुछ शब्द से उत्पन्न होकर उसी में लय हो जाता है। शब्द का मानसिक रूप स्वप्नावस्था में मूर्त होकर स्पष्ट हो जाता है। यौगिक दशा के पूर्ण होने पर साधक शब्द तन्मात्रा अथवा इससे भी उच्च समाधि, अशब्द की दशा तक पहुँच जाता है। शब्द तन्मात्रा ही आदर्श ध्वनि है, वह स्वयमेव ही सुनी जा सकती है इसके लिए किसी वाह्य-साधना, इन्द्रिय की आवश्यकता नहीं होती,

यह अभिव्यक्त नहीं हो सकता। यह वह तर्कातीत स्थिति है जहां ब्रह्म के दोनों रूपों निर्गुण-सगुण का ज्ञान होता है। शारदातिलक में इसका वर्णन इस प्रकार किया गया है—'भगवान् सनातन शिव निर्गुण और सगुण दोनों हैं। प्रकृति से अन्य निर्गुण होते हैं और सकल गुण कहे गये हैं ? सतचित और आनन्द के विभातस कल परमेश्वर से शक्ति हुई फिर उससे नाद हुआ और नाद से बिन्दु का समुद्भव हुआ।'[25]

यह ब्रह्म ही है जो अविभक्त-सर्वव्यापक और अव्यक्त है, जिसका सारतत्व 'नाद' और 'बिन्दु' है। जो वास्तविक नाद है, वही वास्तविक ध्वनि है। जब शिव-शक्ति अपनी कूटस्थ अवस्था से, जो घनीभूत शक्ति का रूप होती है, सृष्टि-कल्पना-स्पन्द में रूपान्तरित होती है उसी को नाद की अभिधा प्राप्त होती है। जब स्पन्द रूप से यही नाद पूर्ण हो जाता है तो इसी के द्वारा विश्व रचना विकसित होती है। नाद से प्रकाश होता है और प्रकाश का व्यक्त रूप है बिन्दु, जो तेज का प्रतीक है। नाद और बिन्दु अलग-अलग प्रतीत होते हुए भी एक ही है—

'बिंदहि नाद कि नादहिं बिंद। नादहिं बिंदमिलै गोबिंद।'[26]

नाद, शक्ति का क्रियाशील रूप और शब्द का अतिसूक्ष्म पक्ष है। नाद जो बिन्दु का रूप ग्रहण करता है वह भी चैतन्य शक्ति ही है, यही ईश्वरतत्व में विवर्तित होती है जिससे निष्काम उन्मनी स्थिति प्राप्त होती है, नाद शक्ति का वह पक्ष हुआ जिसके द्वारा बिन्दु विकसित होता है, नाद ध्वनि है और बिन्दु उसका स्फोट रूप है। नाद सदाशिव का ही रूप है, 'यह शिव बिन्दु सम्पूर्ण प्राणियों में नादात्मक शब्द के रूप में विद्यमान रहता है। इससे उत्पन्न अनहद-नाद एक बिना नाद की दैवी सन्देश प्रणाली है। अनाहत नाद का कर्ता और बाधक कोई नहीं है। यह नाद प्रत्येक प्राणी के हृदय में अपने आप ध्वनित होता रहता है यही सुरति योग का साधन है, साधक इसको पार कर उच्चावस्था में पहुँच जाता है—

जहाँ नाँद न ब्यँद दिवस नहीं राती, नहीं नर नारि नहीं कुल जाती।[27]

आतमा आनन्द रूपी योगी बनकर महारस का पान करती है—

'आत्मां अनंदी जोगी, पीवै महारस अमृतं भोगी।'[28]

साधक अपने को संसार के सम्बन्धों से मुक्त अनुभव करता है, चित्त में कोई चिन्ता, सोच विचार नहीं रहता, अभ्यंतर में अजपा जाप चलता रहता है, इस तत्त्व को कोई ही जानता है, कबीरदास जी कहते हैं जब इसका स्वाद पाया

तो बकनालि से रसस्वादन किया, अमृत की वर्षा होने लगी और ब्रह्म का प्रकाश फैल गया। यह प्रकाश ही ब्रह्म का साक्षात दर्शन है—

'अवधू ऐसा ज्ञान बिचारी, ज्यूं बहुरि न ह्वै संसारी ॥
च्यंत न सोच चित बिन चितवैं, बिन मनसा मन होई।
अजपाजपत सुनि अभिअंतरि यहु तत जानैं सोई ॥
कहै कबीर स्वाद जब पाया, वंकनालि रस खाया।
अमृत झरैं ब्रह्म परकासै तब ही मिलै राम राया ॥'[29]

शब्द को ब्रह्म की संज्ञा इसलिए दी जाती है क्योंकि वह जीव और ईश्वर को एकसूत्रित करने का एकमात्र साधन है। ब्रह्म से यह शब्द-निर्झर निरन्तर प्रवाहित होता रहता है। शब्द से साधक त्रिकालदर्शी बन जाता है और उदात्त अवस्थाओं को प्राप्त करने पर उसके लिए सृष्टि के समस्त रहस्य हस्तामलकवत् हो जाते हैं—

'अब मैं पाइबो रे पाइबो ब्रह्म गियान।
× × ×
भागा भ्रम दसों दिस सुझया, परम जोति प्रकासा ॥'[30]

सुरति मिलने से परम सिद्धि प्राप्त होती है—

'त्रिवेणी मनाइ-न्हवाइए सुरति मिलै जो हाथि रे।'[31]

सुरति ही अनाहत ध्वनि है। जो साधक आध्यात्मिक विकास में जितना आगे बढ़ जाता है उसे उतने ही अधिक सूक्ष्म शब्दों को श्रवण करने की शक्ति मिल जाती है। उसे दोनों कर्ण, दोनों चक्षु, नासिका और मुख इन सबका निरोधव करना चाहिए।

सामान्य रूप से कबीर पर इस प्रकार का प्रभाव नाथों द्वारा माना जाता है किन्तु महापंडित राहुल ऐसा नहीं मानते जबकि अयोध्या सिंह उपाध्याय तथा बडथ्थवाल मानते हैं, द्विवेदी जी भी इसका समर्थन करते हैं।

सुरति योग कबीर की अन्तर्मुखी साधना का परमोज्ज्वल ज्ञानाधार है। यह चित्त की अच्छे प्रकार से रति है, चित्त शब्द का प्रयोग होते ही यह साधना अरूप और सूक्ष्म हो जाती है। इसमें चित्त परमतत्व में बराबर रमण करता है, उसका स्मरण बना रहता है। इस प्रकार सुरति का अर्थ हुआ अच्छी तरह से रति और निरति का अर्थ हुआ पूर्ण रूप से रति। निरति सुरति की चरमावस्था है, यह सुरति पूर्णता है। गोरखबानी में सुरति को साधन तथा निरति को सिद्धि कहा गया है। निरति का अर्थ वैराग्य वृत्ति नहीं है।

मोक्ष-प्राप्ति में सुरति का बड़ा महत्त्व है। अन्तःकरण की यह वृत्ति अपने

सम्पर्क में आने वालों को आनन्दमय बना देती हैं। कबीरदास जी के अनुसार सुरति का सम्बन्ध मन से है, यह मन की सूक्ष्मातिसूक्ष्म गतिधारा है, जो अपना प्रवाह ब्रह्म की ओर उन्मुख रखती है। इसे मन की सुवृत्ति भी कह सकते हैं। कबीर ने सात सुरति मानी है—[32]

'सात सुरति सब मूल है, प्रलयहु इन ही मांहि।
इन ही मां तै उपजै, इन ही मांहि समाँहि।।'[33]

मूल सुरति, सहज इच्छा, कारण रूप इच्छा, चित्त, मन, बुद्धि, अहंकार ये सात सुरति हुईं। मन के ये सात रूप ही सात सुरति हैं।[34] जीवात्मा साधक रूप में श्रद्धा तथा अनन्य-भाव से सुरति की डोर के सहारे अखंडित रूप में साधना प्रारम्भ करता है। साधना की पराकाष्ठा प्राप्त होने पर यह जाप-अजाप बन जाता है, परिणामस्वरूप सुरति (ध्यान योग, लय योग) और जीवात्मा एक रूप हो जाते हैं...इस प्रकार सुरति, साधना की आरम्भावस्था में सहजमन सुरति अर्थात् मन की सहजवृत्ति है जो ब्रह्मज्ञान की ओर उन्मुख रहती है और जीवन की अतल गहराई तक हमें ले जाने में समर्थ होती हैं। साधना-पथ में यह अपने को परिशुद्ध करती हुई साधक को आगे बढ़ाती है।[35]

कबीर ने सुरति शब्द का व्यवहार स्वतन्त्र रूप से किया है, उनके द्वारा ग्रहण किए अर्थ बदलते रहते हैं, केवल उनका लक्ष्य एक रहता है। कबीर ने सुरति शब्द, अजपाजाप सुमिरण को समान भाव और अर्थ में अपनी साधना-पद्धति में प्रयोग किया है—

'शब्द बिना सुरति आन्धारी कहो कहाँ को जाय।
द्वार न पावे शब्द का फिर फिर भटका खाय।
सुमिरण सुरत लगाय के, मुख ते कछू न बोल।
बाहर के पट देय के, अन्दर के पट खोल।।
आँख कान, मुख मूंद कर नाम निरंजन लेय।
भीतर के पट तब खुले जब बाहर के पट देय।।
अजपा सुमिरण घट बिषै, दीन्हा सृजनहार।
ताही सो मन लगि रहा, कहत कबीर विचार।।'[36]

कबीर में सुरति-निरति शब्द का प्रयोग एक अर्थ में नहीं हुआ है, विशेष साधना अवस्था में कभी-कभी वह अर्थ बदल जाता है, जब साधन अलौकिक और विलक्षण भाव-सम्पन्न हो जाता है। सुरति साधक के चित की एक विशेष वृत्ति है, यह मनोविज्ञान का विषय भी है। कबीर ने इसके इच्छा, स्मृति, ज्ञान, भाव, प्राण, साधक, सहज, वृत्ति, सूक्ष्म वृति, ध्यान-प्रवाह, चित, आदि अर्थ

लिए है। सहज वृति ही सुरति रूप में हमें जीवन और साधना के चरम लक्ष्य की ओर ले जाती है, जीवन की आन्तरिकता की ओर ले जाती है। इसीलिए कबीर कहते हैं—

साधौ, शब्द-साधना कीजं।
जे ही शब्द ते प्रगट भये सव, सोई शब्द गहि लीजै।
शब्दै काया जग उतपानी, शब्दै कैरि पसारा।
कहै कबीर जहँ शब्द होत है, भवन भेद है न्यारा।।[37]

साधक सुरति शब्द योग द्वारा जीवन-शक्तियों से भर जाता है। ध्यान लगाकर शब्द चिन्तन करने का आग्रह कबीर ने किया है। हमारी समस्त बाह्य सीमाएँ शब्द में लीन होकर हम नित्य पुरुष से एकाकार हो जाते हैं, कबीर ने ज्ञान और प्राणनाथ को इस चरम लक्ष्य की प्राप्ति के लिए आवश्यक माना है।

संदर्भ

1. क० ग्र०, परचा कौ अंग, 22, 23
2. वही, 29,32
3. डा० बड़्थ्थवाल—हिन्दी काव्य में निर्गुण सम्प्रदाय, परिशिष्ट 3, पृ० 418
4. विद्यापीठ, त्रैमासिक पत्रिका भाग 2, पृ० 135
5. ह० प्र० द्विवेदी कबीर, पद 93
6. सहज साधना, पृ० 76
7. रामकुमार वर्मा—कबीर का रहस्यवाद, पृ० 135
8. वही
9. पुरुषोत्तम लाल श्रीवास्तव—कबीर साहित्य का अध्ययन, पृ० 384
10. परशुराम चतुर्वेदी—कबीर साहित्य की परख, पृ० 98
11. क० ग्र० पदावली, 17
12. " 6
13. " 31
14. " 203
15. " 30, 149
16. पांतजल योगदर्शन, 1-27
17. Bible—John 1 : 1-5

18. प्रताप हिंस चौहान—कबीर साधना और साहित्य, पृ० 3-4
19. ऋ० वेद—10-125-5
20. शतपथ ब्राह्मण, अ० 75-2-21
21. क० ग्र०, पदावली-325
22. वही, पृ० 328
23. ह० प्र० द्विवेदी—कबीर वाणी पद-51, पृ० 268
24. गोरखवाणी, पृ० 9
25. शारदातिलक पटल 1-6
26. क० ग्र०, पदावली, 326
27. वही, पदावली 297
28. वही, 204
29. वही, 209
30. वही, 6
31. वही, 4
32. रामजीलाल सहायक—कबीर दर्शन, पृ० 291
33. क० व०, पृ० 149
34. रामजीलाल सहायक—कबीर दर्शन, पृ० 291
35. वही, पृ० 36
36. गंगाशरण शास्त्री, डॉ० शुकदेव सिंह—कबीर साहब, पृ० 219
36. ह० प्र० द्विवेदी—कबीर, पद 57

कबीर का अनुभव ज्ञान

मानव चेतना में अनुभूति ही वह साधन है जो उसे आनन्द और सौन्दर्य तथा अन्य भावनाओं के निकट ले आती है अथवा वे मानव हृदय में घटित होती रहते हैं। कबीर ने वैयक्तिक अनुभव को ही प्रमाण माना है, उन्होंने विभिन्न संदर्भों जैसे ब्रह्मानुभूति, संसार-व्यवहार की अनुभूति, साक्षात्कार का अनुभव, अनहद नाद का अनुभव, शब्दातीत परमतत्त्व का अनुभव, योगपरक साधना की उन्मनी अवस्था का अनुभव, आत्मदर्शन का अनुभव आदि अनेक पक्षों में अनुभूति को मुख्य आधार बनाया है। कबीर के काव्य में अनुभूति तत्त्व का विशद् वर्णन उपलब्ध होता है उनकी अनुभूति की मार्मिकता ही उनकी काव्यरचना का वास्तविक वैभव है। कबीर जैसे सिद्ध पुरुष, स्थूल और पार्थिव तत्त्वों की अपेक्षा अपने अनुभव पर ही विश्वास करते हैं, उसे ही प्रमाण मानते हैं—

> 'अनभै उपजि न मन ठहराई, परकीरति मिलि मन न समाई।'[1]
> 'पारब्रह्म के तेज का, कैसा है उनमान।
> कहिबे कूं सोभा नहीं, देख्याहीं परवान॥'[2]

कबीर भावसिद्ध कवि हैं, किन्तु उन्होंने तार्किक और बौद्धिक पक्षों की उपेक्षा नहीं की है, वे प्रत्येक सत्य को अनुभव कर लेने पर ही उस पर विश्वास करते थे। अनुभव से क्या तात्पर्य है, 'अनुभव से सामान्यतः वह समझा जाता है, जो किसी व्यक्ति के अन्दर घटित होता है।'[3] अनुभव की स्थिति में हम एक भाव-दशा विशेष या स्थिति विशेष में पहुँच जाते हैं जहाँ हमारी इच्छा, क्रिया और ज्ञान की प्रक्रिया एकरूपता धारण कर लेती है। यह अनुभव दुःख-सुखात्मक दोनों ही प्रकार का होता है। रसतत्व और हमारे भाव या मनोविकार इस स्थिति विशेष के उद्‌बोधन तथा परिचय कराने में हमारे सहायक होते हैं। उस समय उस अनुभव विशेष के अतिरिक्त अन्य कोई अनुभूति हमारे अन्दर नहीं रहती, हम उस भावस्थिति में ही अपनी सम्पूर्ण चेतना सहित केन्द्रित हो जाते

हैं, भक्ति तथा आध्यात्मिक स्थिति में नितान्त आवश्यक है। जब सृजन और रचना की प्रक्रिया हमारे अन्दर चलती है, तब वह भावात्मक और अभावात्मक दोनों ही हो सकती है। हमारा ऐन्द्रिय-संवेदन संश्लिष्ट होकर बोध विशेष से हमारे ज्ञान को व्यवस्थित करता है। विशेष पारिभाषिक प्रयोग में या सन्दर्भ विशेष में इसे 'प्रातिभज्ञान' अथवा स्वप्रकाश ज्ञान भी कहा गया है। कबीर ने इसे सहजानुभूति कहा है। इसमें बुद्धितत्व की अपेक्षा भावतत्त्व की प्रधानता रहती है। कबीर ने इसमें 'अद्वितीयता' तथा 'नवीनता' का अनुभव होना माना है। सहजानुभूति एक प्रकार की 'प्रत्यक्ष' अन्तरदृष्टि (Direct Vision) है, जो सहजानुभूति का ही पर्याय है।[4] कबीर 'सहज' के रस में मैमंतां रहते हैं—

सहज सुनि में जिनि रस चाषा, सतगुरु थैं सुधि पाई।
दास कबीर इहि रसि माता, कबहूँ उछकि न जाई ॥[5]

यह रस अलौकिक, अनिर्वचनीय है, इसके आस्वादन के पश्चात् अन्य किसी रस की इच्छा शेष नहीं रहती। सहज ज्ञान के लिए हृदय की ग्राहिका-शक्ति और संवेदनशीलता अनिवार्य है, इससे बिम्बों का सृजन होता है, रचनाकार अभिव्यक्ति के लिए व्यग्र होने लगता है उसकी यह स्थिति प्रत्यक्षात्मक धारणा और मानसिक रूपों में होती है, किन्तु यह भावस्थिति जीवनानुभूति से भिन्न होती है। लौकिक अनुभूति से सर्वथा भिन्न होती है। कबीर की यह सहजानुभूति इसी प्रकार की है। यह भाव-संवेदन सम्पन्न है।

दर्शनशास्त्र में अनुभव को ज्ञान का एकमात्र स्रोत माना गया है। हमारे सभी ज्ञान अर्जित तथा अनुभवजन्य हैं। किसी भी प्रागनुभव प्रत्यय की सत्ता नहीं है, उनकी उत्पत्ति अनुभव के उपरान्त हुआ करती है। हमें कबीर के अनुभव ज्ञान में इस बात का ध्यान रखना है कि किस प्रकार के ज्ञान पर उनका अनुभव निर्माण हुआ है। सम्भवतः इसका उत्तर आत्मज्ञान, आत्म-साक्षात्कार है—

'आप ही आप विचारिये तब केता होई अनंद रे।'[6]
'आपै मैं तब आपा निरष्या, अपन पै आपा सूभन्या।'[7]

यह अनुभव ज्ञान कभी-कभी अभिव्यक्ति की सीमा से पार चला जाता है; उसको देखकर अनुभव करके भी उसको बताना कितनी जटिल स्थिति है, कबीर इस स्थिति का सामना कर चुके हैं—

'अविगत अकल अनुपम देख्या, कहता कह्या न जाई ॥'[8]

कबीर फिर इस स्थिति से साधक का परिचय कराते हैं—

'सबद अतीत का मरम न जानै, भ्रमि भूली दुनियाई।'[9]

और तब एक विचित्र भाव संवेदन की समस्या उत्पन्न होती है—

'प्रगट गुपत गुपत पुनि प्रगट, सो कत रहे लुकाई।
कबीर परमानंद मनाये, अकथ कह्यो नहीं जाई।'[10]

प्रो० सिद्धेश्वर प्रसाद ने अनुभूति के विषय में लिखा है, 'अनुभूति रागात्मक प्रतिक्रिया है और उसकी अनिवार्य विशिष्टता व्यापकता नहीं, गहराई ही है। अनुभूति की स्थिति में जिस रागात्मक प्रतिक्रिया से कलाकार गुजरता है, उसमें वह तीव्र भाववेश की दशा में होता है उसका अन्तर्मन आन्दोलित रहता है, वह एक बेचैनी मिश्रित आनन्द का अनुभव करता है। इस समय कलाकार की वृत्ति अन्तर्मुखी होती है।'[11] वास्तव में यह भावदशा जीवन की साधारण स्थिति की तुलना में एक उच्चतर स्थिति होती है। शुक्ल जी ने इसे उद्‌भावना-शक्ति कहा है। कबीर की भावभूमि के विस्तार और व्यापकता के साथ-साथ उनकी अनुभवजन्य दशा का विकास और प्रसार भी हुआ है। उनकी अनुभूति अखण्ड और पूर्ण परिज्ञान है। कुछ व्यक्ति अनुभूति को केवल रहस्यमय कहकर ही पीछा छुड़ा लेते हैं, अनुभूति केवल रहस्यमय ही नहीं होती, वह यथार्थ और स्पष्ट भी होती है। अपने किसी भी विचार या मनन का हम अनुभूत तथ्यों के आधार पर ही पुष्टीकरण मानते हैं, तभी वे हमें ग्राह्य होता है, कबीर ने अपने व्यवहार और सिद्धान्त पक्षों में इस बात को ध्यान में रखा है। अनुभव एक प्रकार का विशिष्ट ज्ञान भी है जो असंदिग्ध, यथार्थ तथा सुव्यवस्थित होता है।

कबीर का अनुभव आध्यात्मिक है, वह एक विशिष्ट दिव्यानुभूति है, किन्तु वे अन्धविश्वास तथा तर्करहित मान्यताओं को स्वीकार नहीं करते। उनकी अनुभूति सांसारिक तथ्यों के अतिरिक्त एक अपरोक्षानुभूति है जिसमें ईश्वर तथा दिव्यतत्त्वों का साक्षात्कार होता है, कबीर को ऐसे विभिन्न अनुभव होते रहते हैं—

'चमकै बिजुरी तार अनंत, तहाँ प्रभु बैठे कंवलाकत।[12]
× × ×
तहाँ न ऊगै सूर न चंद, आदि निरंजन करे आनंद।'[13]

यह अनुभव सामान्य व्यक्ति के लिए रहस्यमय ही है, क्योंकि उसकी भावभूमि और मनोवस्था कबीर जैसे साधक से नितान्त भिन्न है। उनमें राग तत्त्व है किन्तु अत्यन्त संयमित है, कबीर उसका कैसा मधुर भावानुभव करते हैं—

कबीर साथी सो किया, जाके सुख दुःख नहीं कोई।
हिलि मिलि होकरि खेलिस्यूं, कदै विछोह न होई।।[14]

यह दोस्त, साथी कैसा है जिसका रूप आकार, वर्ण कुछ भी नहीं है।

'सुनि असथूल रूप नहीं रेखा, दृष्टि आदृष्टि छिप्यौ नहीं पेखा।
बरन अबरन कथ्यो नहीं जाई, सकल अतीत घट रह्यौ समाई ॥'[15]

वास्तव में कबीर के सभी अनुभवों का आलम्बन ब्रह्म ही है, वह भी निर्गुण ब्रह्म, इसलिए रहस्य खुलकर फिर जटिल होता जाता है। सर ए० एस० एडिंगटन के शब्दों में 'हमारे प्रकृति के रहस्योद्घाटन की परिस्थितियाँ ही ऐसी हैं कि जितना अधिक हम स्थिति के रहस्य को प्रकाश में लाते हैं उतना ही अधिक गति का रहस्य हमसे प्रच्छन्न हो जाता है।'[16] वास्तव में कबीर की अनुभूति भी एक दर्शन है और दर्शन विश्व की बौद्धिक व्याख्या है जो धार्मिक भावनाओं से सम्बन्धित है।

अनुभवसिद्ध तत्वदर्शियों के कथन में एक विशेष भाव निहित होता है, अतः जो तत्त्वदर्शी नहीं होते, उस कथन से उनकी आत्माओं में भी वे अनुभूतियां प्रतिध्वनित हो उठती हैं। ऐसा होने पर ही इन तत्वदर्शियों की आध्यात्मिक अनुभूति-वाहक वाणी सामान्य व्यक्ति को आज तक प्रभावित करती आई है। ऐसे अनुभवसिद्ध पुरुषों की प्रज्ञा स्वयंसिद्ध ज्ञान सामान्य व्यक्तियों से कहीं अधिक बढ़ा हुआ और विकसित होता है। मानव अनुभूतियों में संघर्ष होता रहता है, हमारी स्थिति यह होती है कि हम दूसरे को किस प्रकार अनुभूति के मानने पर विवश कर सकते हैं। ब्रह्मज्ञान ग्रह्य है, आध्यात्मिक अनुभूति रहस्यमय होती है किन्तु हमारा मस्तिष्क उस भावना का एक आदर्श अपने मन-मस्तिष्क में निर्मित करता रहता है ओर जिस ओर उसका उत्तरोत्तर विकास होता है वैसा ही आदर्श रूप पुष्ट होता जाता है। प्रसिद्ध दार्शनिक नडसन लिखते हैं कि वैचारिक प्राग्नुभव की भाँति धार्मिक प्राग्नुभव भी होता है, अर्थात् मानव की आवश्यकता अथवा योग्यता, जो धर्म में अभिव्यक्त होती है मानव विकाम आकस्मिक घटना नहीं है प्रत्युत मानवबुद्धि अथवा आत्मा का अभिन्न अंग है, परिणामतः उसकी प्रामाणिकता उसी में निहित है। '···तर्क द्वारा न उसकी उत्पत्ति हो सकती है, न विनाश हो सकता है।[17] कबीर ने इस बात को अपने अनुभव ज्ञान द्वारा कितने सहज रूप में बताया है'—

'झूठनि झूठ साँच करि जानां, झूठनि में सब साँच लुकाना।'[18]

जिसको तर्कशील विद्वान असत्य कहते हैं उसी में मूल सत्य छिपा हुआ है किन्तु झूठ को वह सत्य मानते हैं अर्थात् जिसे वे सब मानते हैं, वह असत्य है और जिसे वे असत्य कहते हैं, उसी में तात्त्विक सत्य निहित है इसीलिए कबीर ने कहा—

'ज्ञान दृष्टि निज पेख जोई, इनका चरित जानै पै सोई ।[19]

यह ज्ञान तो अपने अनुभव पर ही निर्भर करता है, उनके ज्ञान द्वारा प्राप्त अनुभव शास्त्रीयज्ञान की सीमा से मुक्त है—

'ऐसा अद्भुत जिनि कथै, अद्भुत राखि लुकाइ।
वेद कुरानौं गाये नहीं, कह्यां न को पतियाई ॥
करता की गति अगम है तू चलि अपणें उनमान।
धीरै धीरै पाव दे, पहुँचेंगे परवान ॥[20]

सी० डी० ब्राड ने इस प्रकार की परोक्षानुभूति का विश्लेषण करते हुए कहा है, 'एक बात है जिस पर दर्शन को सर्वाधिक गम्भीर विचार करना चाहिए और वह है मानव की धार्मिक अथवा आध्यात्मिक अनुभूति।···धार्मिक एवं आध्यात्मिक अनुभूति हमें सत्ता के उस पक्ष से अवगत कराती है जो इन्द्रिय-प्रत्यक्ष द्वारा बोध्य नहीं है।'[21] डा० देवराज ने धार्मिक तथा आध्यात्मिक अनुभूति का स्वरूप बताते हुए लिखा है, 'धार्मिक तथा आध्यात्मिक अनुभूति, हमारे मत में मूलतः एक रहस्यपूर्ण परिणति, लक्ष्य अथवा उपस्थिति (सत्ता) की प्रतीति है जो जीवन के समस्त मूल्यों का मूल या आधार समझी जाती है।'[22] कबीर ने इस दृष्टि को अपने अनुभव ज्ञान में अपनाया है। उसका अनुभव करने पर उस परमसत्ता के प्रति जिज्ञासा होने पर साधक कबीर परमोल्लास में लीन हो जाता है। हर ओर उसे नूर का महल और आनन्द का सागर ठाठें मारता दिखाई देता है, कभी वह मौन होकर मूक की भाँति व्यवहार करते हैं और कभी महासुख में लीन होकर एक अनन्त आनन्द का रस लेने लगते हैं—

'महासुख मगन होइ नाचै, उपजै अंग तरंग।
मन और तन थिर न रहतु है, महासुक्ख के संग ॥'[23]

अब यह अनुभव का दिव्य आनन्द ही तो है—

बिन नैनन का देखन-पेखन, बिन सरवन का सुनना।[24]
× × ×
जहाँ हरस तहं पूरन सुख है, यह सुख कासों कहना ॥[25]

यह स्थिति, यह ज्ञान, यह अनुभव इन्द्रियानुभव (Empircism) से पूर्णतया भिन्न है। इसकी संवेदना भौतिक, पार्थिव ज्ञान से बहुत अलग है, जब साधक बिना नेत्रों के देखता है, बिना कानों के सुनता है। कभी-कभी इंद्रिय-अनुभव की दृष्टि से सर्वव्यापी सत्यों, यहाँ तक कि अनिवार्य सत्यों को भी स्वीकार नहीं किया जा सकता। कबीर अपनी इस अनुभव-स्थिति में निर्गुण-

सगुण दोनों की एक कर देते हैं, किसी भी प्रकार की भिन्नता का तत्व या अश उनमें नहीं रहता, तभी वह समरसता की आनन्दमयी भूमा की दशा का सुख लूट सके हैं। इन्द्रिय ज्ञान में प्रत्येक तत्त्व के लिए तर्क, प्रमाण चाहिए, मन की संवेदना के लिए वहां कोई स्थान नहीं होता, जो हमारी कल्पना पर आधारित होती है। जिस प्रकार कलाकार अपनी कल्पना को साकार करने का प्रयत्न करता है और साकार होने पर वह यथार्थ अथवा प्रमाण बन जाती है, ब्रह्म अनुभव, आध्यात्मिक अनुभव में कबीर ने भी इस भाव-कल्पना को साकार रूप की अनुभूति बनाने का प्रयत्न किया है।

ज्ञान की शक्ति मनुष्य के अतिभौतिक स्वरूप की द्योतक है। हमारे ज्ञान का सैद्धान्तिक पक्ष ही अनुभूत जगत को एक व्यवस्थित रूप देने का कार्य करता है। अब कबीर ने इस अनुभव को किस प्रकार प्रस्तुत किया है, यह सहृदय के लिए स्वयं में एक विचित्र आनन्दमय अनुभव है—

'कबीर देख्या एक अंग, महिमा कही न जाइ।'[26]

कबीर ने अपने अनुभव-दर्शन की अनन्तता को, निस्सीमता को कितने चातुर्य से वर्णित किया है, फिर उसी एक अंग के दर्शन के आधार पर उनके अनुभव का विस्तार होता चला जाता है—

'जाकै सूरिज कोटि करे परकास, कोटि महादेव गिरि कबिलास।
× × ×
कोटि चन्द्रमा गहै चिराक, सुर तैंतीसूं जीमैं पाक।'[27]

अनुभव के आधार पर कैसा मनोरम वर्णन है जो अन्य भावुक व्यक्तियों को आत्मरस की छाक में लीन कर देता है।

ज्ञान का अनुभव अन्तःप्रकाश है, मानव ज्ञान, मानवीय सीमा के भीतर, अनन्त ज्ञान का अनावरण है। ज्ञान बाह्य जगत् से मानव बुद्धि में प्रवेश नहीं करता, अनन्त ज्ञान का मानव बुद्धि में प्राकट्य होता है। यह अनन्त ज्ञान सामान्य मानव ज्ञान नहीं है, अनन्त ज्ञान काल की परिधि से मुक्त है, वह कालातीत है क्योंकि वह समस्त काल-प्रवाह का द्रष्टा है। कबीर ने इसको ही अपनी अनुभूति का आधार बनाया है। अनुभूति किस तरह उत्पन्न हुई यह एक बात है, उत्पन्न होने पर क्या है, यह दूसरी बात है। कबीर ने इसके लिए गुरु कृपा और उनके द्वारा प्रदत्त प्रेरणा शक्ति का संकेत किया है—

'मोहि आग्या दई दयाल दया करि काहूं कूं समझाई।'[28]
× × ×
जब मन निरमल करि जानां, तब निरमल मांहि समाना॥[29]

× × ×

जो दरसन देखया चाहिये, तै दरपन मंजत रहिये ।।'[30]

यह अनुभव आत्म साधना द्वारा प्राप्त होता है। कबीर ने आत्म साधना पर बहुत बल दिया है। उन्होंने साधक को सर्वव्यापक ब्रह्म की सम्यक् साधना का विचार संप्रेषित किया है। मुण्डकोपनिषद में कहा गया है कि ज्ञान के प्रसाद से शुद्ध अन्तःकरण वाला व्यक्ति 'निष्कल' ब्रह्म का ध्यान कर सकता है।[31] कबीर अपने लघुमन की सीमा को ब्रह्म के अतिमन से युक्त कर अपना विस्तार करते हैं, अनुभव द्वारा ही उन्हें चित्तवैशिद्य तथा उस ब्रह्म आनन्द का अनुभव होता है, जो समस्त आनन्द का स्रोत है।

वास्तव में कबीर का लक्ष्य ब्रह्मतत्व का ज्ञान प्राप्त करना उसका अनुभव करना ही था। वैसे तो उन्होंने जीवन के विभिन्न पक्षों पर, जीवन व्यवहार पर भी गहरी दृष्टि डाली है। अपने जीवन के अनुभवों के आधार पर ही उन्होंने कुछ कहा है, कबीर का युग अनिश्चितताओं का युग था, जब मानव समाज अपनी लक्ष्यदृष्टि खो चुका था, वह निराशा, कुंठा, विषाद, विग्रह, ईर्ष्या, द्वेष काम, क्रोध आदि अनन्त विकारों से ग्रस्त था, तब कबीर ने अपने अनुभूत सत्यों के आधार पर ही कुछ कहा और मानव समाज का मार्ग-दर्शन किया—

कपट की भगति करै जिन कोई ।।
अंत की बेर बहुत दुख होई ।।[32]

× × ×

झूठा लोग कहै घर मेरा ।
जा घर मांहै बोलै डोलै, सोई नहीं तन तेरा ।।[33]

× × ×

हम सब भांहि सकल हम भांही, हम थैं और दूसरा नांही ।[34]

× × ×

निरधन आदर कोई न देई ।[35]

× × ×

नर देही बहुरि न पाइये ।[36]

× × ×

माया तयूं तजी नहीं जाई : फिरि फिर माया मोहि लपटाई ।[37]

× × ×

यहु ऐसा संसार है, जैसा सेमल फूल ।
दिन दस के ब्यौहार को, झूठि रंगि न भूल ।।[38]

× × ×

कबीर यहु जग कछु नहीं, बिन षारा बिन मीठ।
काल्हि जु बैठा माडियां, आज नसांणां दीठ ।।[40]

कबीर ने जीवन और जगत में जिस सत्य का अनुभव किया, उन्होंने समस्त मानव समाज के सम्मुख उनको प्रस्तुत किया।

निसन्देह कबीर एक अनुभवसिद्ध महापुरुष थे जिन्होंने संत होकर इस भौतिक जीवन की व्यावहारिकता को बड़ी गहराई से देखा-परखा, जाना-जांचा और तब अपने अनुभव के आधार पर जनसमाज को प्रबोधित किया। उन्होंने अपने युग के जीवन के शोषित-वीभत्स रूप का साक्षात्कार किया था और कुरूप के दर्शन से वे परम सुखमय सौन्दर्यपूर्ण ब्रह्म के दर्शन की ओर मुड़े, मन में, आत्मा में, शरीर में झांककर देखा तभी वे कुछ ऐसा कह सके, बता सके जो अनुभव की कठोर कसौटी पर सत्य सिद्ध हो सके। कबीर ने ब्रह्म ज्ञान और जगत-व्यवहार दोनों का समान रूप से विवेचन किया है। उन्होंने अपने अनुभव के आधार तीन बातों की ओर ध्यान आकृष्ट किया है, भक्ति ही सर्वश्रेष्ठ लक्ष्य है, माया रूपी विकार से, अहंकार से, अहंकार से बचना चाहिए और समस्त समाज को समदृष्टि से देखना चाहिए। उनका अनुभव ज्ञान, उनकी आध्यात्मिक अनुभूति, उनका समाज दर्शन ही उनका प्रतिपाद्य है, जीवन-दर्शन है और उनकी काव्य रचना का प्रयोजन है। उन्होंने हर तथ्य को अपने अनुभव की धार पर परख कर ही कुछ कहा है, उनका अनुभूतिजन्य भावावेश भी ज्ञान और तर्कशून्य नहीं है। कबीर अन्य सन्तों, भक्तों, साधकों से भिन्न कोटि के हैं, उन्होंने अपने अनुभव के आधार पर जो कुछ जाना, उस पर किसी से भी समझौता न कर, दो टूक निर्णय दे दिया, अकाट्य सत्य को उजागर कर दिया।

'अनमे कथा कवन सो कहिए, है कोई चतुर विवेकी।'[50]

संदर्भ

1. क० ग्र०, चौपदी रमैणी, पृ० 186
2. वही, परचा कौ अंग, 3
3. डॉ० निर्मला जैन— रससिद्धान्त और सौन्दर्यशास्त्र, पृ० 25
4. वही, पृ० 401
5. क० ग्र०, पदावली 78
6. वही, पदावली 5
7. वही, पदावली 6

8. वही, पदावली 6
9. वही, पदावली 36
10. वही, पदावली 36
11. प्रो० सिद्धेश्वर प्रसाद—साहित्य का मूल्यांकन, पृ० 61
12. क० ग्र०, पदावली 328
13. वही, पदावली 6 (परिशिष्ट)
14. वही, अबिहड़ कौ अंग, साखी
15. वही, (बड़ी अष्टपदी रमैणी) पृ० 175
16. ए० एम० एंडिगटन—दि नेचर ऑव दि फिजिकल वर्ल्ड, पृ० 221
17. ए० सी० कुन्डसन—फिलासफी ऑफ पर्सनलिज्म, पृ० 251
18. क० ग्र०, बड़ी अष्टपदी रमैणी, पृ० 178
19. वही, रमैणी 179
20 वही, परजर्ण कौ अंग, साखी 3,4
21. कन्टेम्पोरेरी ब्रिटिश फिलासफी, भाग, पृ० 80, 99
22. डॉ० देवराज—संस्कृति का दार्शनिक विवेचन, पृ० 322
23. ह० प्र० द्विवेदी—कबीर, पद 26
24. वही, पदावली 27
25. वही, पदावली 27
26. क० ग्र०, परचा कौ अंग, साखी 38
27. वही, पदावली 340
28. वही, पदावली, 318
29. वही, पदावली 263
30. पदावली, 262
31. ज्ञान प्रसादेन विशुद्ध सत्य—स्तृत स्तुतं निष्कल् ध्याय : 11
32. क० ग्र० पदावली 237
33. वही, पदावली 238
34. वही, पदावली 332
35. वही, पदावली 130
36. वही, पदावली 173
37. वही, पदावली 84
38. वही, काल कौ अंग, साखी 15
39. वही, काल कौ अंग, साखी 13
40. वही, पदावली

कबीर की उदात्त-भावना

कबीर प्रवल भावावेग और आत्मा के असीम विस्तार के कवि हैं। उनकी वाणी और शैली में असामान्य अभिव्यक्ति का कमाल और भावों की गरिमा मिलती है। लालित्य भाव की दृष्टि से उदात्त तत्व में बाधा या व्यवधान पैदा होता है, किन्तु कबीर ललित कला के कलाकार नहीं हैं, उनका दृष्टिकोण उपयोगी, उपदेशात्मक है जो उनके काव्य का मूल प्रखर स्वर है, अतः उदात्त-तत्व ऐसे काव्य अथवा रचना में अधिक उभर कर पाठक को प्रभावित करता है। वह अद्‌भुत के कथन से चमत्कृत होकर उसके प्रति आकृष्ट होता है और उस भावावेग में रम जाता है। कबीर ने अपनी रचना में उदात्त-विचार और प्रेरणा-प्रसूत भव्यआवेग का प्रयोग किया है—

> 'इंद्रलोक अचरिज भया, ब्रह्मा पड़या विचार।
> कबीर चाल्या राम पैं, कौंतिग, हार अपार॥'[1]

उदात्त की भूमिकाएँ बहुवर्णी होती हैं, वह विशाल होकर सूक्ष्म और सूक्ष्म होकर विराट बनती जाती हैं जैसे सूक्ष्मोदात्त, श्रेयोदात्त, परोदात्त-विस्तारोदात्त।

साधक के मन की अवस्था का अथवा ब्रह्म के सूक्ष्म से विराट का वर्णन कबीर में बहुलता से मिलता है—

> 'मन लागा उनमन्न सौं, गगन पहुँचा जाइ।
> देख्या चदं विहुणा, चांदिणां, तहां अलख निरंजन राइ।'[2]

सूक्ष्म मन कितना विशाल और विस्तृत रूपाकार ग्रहण कर सकता है, इस भाव दृश्य-विधान से पाठक चमत्कृत हो उठता है—

> आकास गगन पाताल गगन, दसों दिसा गगन रहाई ले।
> आनंद मूल सदा परसोत्तम, पट बिनसै गगन न जाई ले॥[3]

ब्रह्म के सूक्ष्म रूप का कितना विस्तार होता है, यह वर्णन आश्रय को

अभिभूत कर देता है। इसी प्रकार उसकी श्रेष्ठता का वर्णन भी भक्तजन में गहन और व्यापक प्रभाव उत्पन्न करता है—

बासिग कोटि सेज बिसतरे, पवन कोटि चौबारे फिरैं।
कोटि समुद्र जाकै पणिहारा, रोमावली अठारहु भारा।[4]

वह सर्वश्रेष्ठ है, वह अरचित, निरधार है, उसका वार-पार कोई नहीं जानता—

तू सकल गहगरा, सफ सफा दिलदार दीदार।[5]

वही सर्वश्रेष्ठ प्रियतम है। इसलिए परोदात्त का वर्णन भी कवि के भाव-प्रेरणा-विधान का अंग बन गया है—

कबीर ने बिस्तारोदात्त का सम्भवतः सर्वाधिक वर्णन किया है—

अष्ट कुली हरवत जाके पग की रैना, सातौं सामर अंजन नैना।

× × ×

विश्न सोई जाकौ विस्तार, सोई कृस्न जिनि कियौ संसार।[6]

उदात्त का प्रेरणा प्रसूत भव्य आवेग, हमारा आत्मोन्नयन करता है, हम अपनी सीमा लांघकर असीम बन जाते हैं, हमारा इतना विस्तार हो जाता है कि सब कुछ मानों हममें ही समा गया हो। डॉ॰ नगेन्द्र ने भव्य आवेग के विषय में लिखा है, 'भव्य आवेग से अभिप्राय ऐसे आवेग का है, जिससे हमारी आत्मा जैसे अपने आप ही ऊपर उठकर गर्व से उच्चाकाश में विचरण करने लगती है तथा हर्ष और उल्लास से परिपूर्ण हो उठती है। इसी प्रकार का आवेग उदात्त की सृष्टि करता है।'[7] कबीर में आत्मा और ब्रह्म का एकाकार रूप इस भव्य आवेग का सृजन करता है, साधक आत्मा का उन्नयन होता है वह सहज रूप से स्वयं ही उच्चाकाश की ओर अग्रसर होने लगती है—

'आसमांन म्यानैं लहंग दरिया, तहाँ गुएल करदा बूद।'[8]

साधक की आत्मा इतनी ऊँची उड़ान भरती है कि वह आकाश-गंगा में स्नान करने लगती है। मानसरोवर में तो चकई रूपी आत्मा सहज-सुन्न का स्नान करती ही रहती है जो बड़े-बड़े मुनियों और साधकों के लिए भी दुर्लभ है—

'हद छाड़ि बेहद गया, किया सुन्न असनान।
मुनि जन महल न पावई, तहां किया विश्राम॥'[9]

यह उच्च दशा, परमानन्द की दशा है, आत्मा रूपी पक्षी आकाश की सीमाओं को भी भेद जाता है—

'पंषि उड़ानी गगन कूं, उड़ी चढ़ी असमान ।
जिहि सर मंडल भेदिया, सो सर लागा कान ।।'[10]

गुरु ज्ञान के वाण ने ही यह कमाल कर दिखाया है जिसकी सहायता से शिष्य आकाश मंडल के सभी परदों को भेदता हुआ चला जाता है ।

लोंजाइनस ने कलाकार की पाटवपूर्ण वाग्मिता का उल्लेख उदात्त के संदर्भ में किया है,[11] कबीर की शैली उदात्त है क्योंकि उसकी वाग्शक्ति अतुलनीय है, अत्यन्त कौशल से वे अपने मन और आत्मा के आवेगों का, उद्धाम भाव-प्रसार का वर्णन करने में सफल हुए हैं । वे अभिव्यंजना कौशल में इतने सद्दम हैं कि वाणी भी उनसे पराभूत हो जाती है । उनका भावावेग, उसका प्रबल प्रभंजन रोके नहीं रुकता, किन्तु वह सहज और संयमित होता है, ऐसे न होने पर उदात्त में 'मैग्निच्यूड'[12] का अभाव उत्पन्न हो जाता है जबकि उत्कृष्ट संवेग की उत्कृष्टता के परिपाक के लिए इसकी आवश्यकता होती है—

'पाणी ही तें हिम भया हिम ह्वै गया विलाय,
जो कछु था सोई भया, अब कछू कह्या न जाय ।'[13]

रूपक-तत्त्व में परमतत्व की महानता और गरिमा तथा उच्चता का वर्णन कबीर ने कितनी श्रेष्ठ शैली में किया है, जो उसकी उत्कृष्टता की रक्षा करती है, इसी प्रकार से इस श्रेष्ठता को और अधिक निखारकर वे कहते हैं—

'पुरुष के वदन की कौन महिमा कहाँ जगत में उपमा कहुं न पाई ।
चन्द्र और सूर गण ज्योति लागै नहीं एक ही नकख्य परकाश भाई ।।'[14]

इस उत्कृष्टता की गरिमा का उनकी शैली में सतत निर्वाह हुआ है, उनकी कुछ बानगी देखिए—

मुरली बजत अखंड सदा से, तहाँ प्रेम झनकारा है ।
प्रेम हद् तजी जब भाई, संत लोक की हद्द पुनि आई ।।
उठत सुगंध महा अधिकाई, जाको वार न पारा हैं ।
कोटि भान राग को रूपा, बीन सत-धुन वजै अनूपा ।।[15]

वाणी की कैसी गरिमा, उत्कृष्टता, माधुर्य और उदात्त भावों की व्यंजना है कि आश्रय आलम्बन तत्व से एकरस होकर अपने अस्तित्व को विस्मृत कर बैठता है—

'खुल गये गगन-किवाड़, मन्दिर उजियार भयो ।
भयो है पुरुष से भेट तन-मन वार दियो ।।'[16]

भावप्रवणता की कितनी मनोहारी और श्रेष्ठ व्यंजना कवि ने प्रस्तुत की

है, इसके पश्चात् साधक के लिए शेष क्या रह जाता है। उदात्त की उत्कृष्टता का आशय यही है कि उस भावावेग के पश्चात्, प्राप्त करने के लिए और कुछ शेष न रहे।

उदात्त की दृष्टि से चिन्तन की गरिमा, आवेगों का स्फूर्त और उत्तेजित निर्वाह, वाक्यालंकारों का सुष्ठु प्रयोग, शब्द-चयन, सादृश्य-विधान एवं अलंकार-योजना और स्थापत्य कौशल का महिमामंडित प्रयोग, सभी कुछ उदात्त की सामग्री को कबीर जुटा पाए हैं।

उनका आत्मचिन्तन, आनन्दमय भावगरिमा का चित्रण कितनी अद्भुत भावयुक्त शैली में अभिव्यक्त हुआ है, यह पाठक को एक विचित्र भावदशा तथा एक अनुपम लोकसृष्टि का अनुभव कराने में अत्यन्त सक्षम सिद्ध हुआ है—

'जहं चेत-अचेत खंब दोउ मन रच्चा है हिंडोर।
तहं झूलै जीव जहान, जहं कतहुं नहिं थिर ठौर।
और चन्द-सूर दोऊ झूले नाहीं पावै अन्त।
चौरासी लच्छहु जिव झूलैं रवि-ससि धाय।
कोटिन कल्प जुग बीतिया, जानै न कबहुं हाय।
धरनी अकासहु दोऊ झूलै, झूलै पवनहुं नीर।
धरि देह हरि आपहुं झूलै, जो लखहीं दास कबीर।'[17]

इस चिन्तन में वद्दाम भाव के द्वारा जिस गरिमा का, उदात्त भाव-योजना का विधान किया गया है, वह किसी साधारण कलाकार के बूते का काम नहीं है, ऐसा चित्रण वही कलाकार कर सकता है जिसने चिन्तन और भावों को इतनी ऊँचाई तक पहुँचा दिया है जहाँ से न और अधिक ऊपर बढ़ने की सम्भावना है और नीचे आने का प्रश्न तो उत्पन्न ही नहीं होता। धरती और आकाश का मिलना-हिलना तक तो एक आम बात हो सकती है किन्तु उसका आरोह-अवरोह, उसका झूलना वर्णित करना किसी साधारण कलाकार की कल्पना और वर्णन सीमा से बाहर है। स्वयं जगत नियन्ता ब्रह्म, निर्गुण होकर भी शरीर धारण करके झूल रहे हैं, उनका अनन्त विस्तार सृष्टि में हिलोरें ले रहा है, यह वर्णन करना, ऐसी विचार-योजना और बिम्ब-विधान कबीर जैसा औदात्यपूर्ण कलाकार ही कर सकता हे।

उदात्त तत्व में आवेग का प्रयोग अत्यन्त महत्वपूर्ण हैं, आवेग उत्कृष्ट भावों के निर्वाह में सहायक होता है। इसमें वीर रस की भांति ओज और स्फूर्ति वनी रहती है, कबीर ने साधक सूरमा के वर्णन में इस गुण का अत्यन्त उदात्त शैली में चित्रण किया है—

'गगन दमांमां बाजिया, पड़या निसानै घाव।
खेत बुहारइना सूरिवैं, मुझ मरण का चाव।'[18]

'सूरा तन को अंग' में कबीर मरने के प्रति जिस उत्साह, स्फूर्ति और उत्तेजना का वर्णन करते हैं, वह आध्यात्मिक उन्नत भावदशा की सूचक है; मरने से भय न होना, बल्कि उसके प्रति लालसा होना, कितना वैभवपूर्ण और विचित्र आख्यान है। वे कहते हैं कि जिस मृत्यु से सामान्यजन भयभीत होते हैं, उसको वरण करने का मुझ में अतिशय उत्साह है, वे उसे प्राप्त करने के लिए लालायित हैं। कबीर ने साधक को शौर्यपूर्ण और पराक्रमी योद्धा के रूप में वर्णित किया है—

'पकड़ समसेर संग्राम मैं पैंसिये
देह-परजन्त कर जूद्ध भाई।
काट सिर वैरियां दाब जहं का तहां
आय दरबार में सीस नवाई॥'[19]

साधक सूरमा दृढ़-प्रतिज्ञ होकर, नियम-संयम का पालन करता पूर्ण समर्पण-भाव से साधन के क्षेत्र में प्रवेश करता है, विकार रूपी विघ्न-बाधाओं को उत्पन्न होने से पहले ही उनका संहार कर देता है तथा अपने स्वामी के दरबार में सिर झुका कर अपने वीरतापूर्ण कर्तव्य-कर्म का परिचय देता है। भक्त संत अपनी साधना की तलवार को निरन्तर ग्रहण किये रहता है तथा एक वीर योद्धा की भांति युद्ध में रत रहता है—

'एक समसेर इकसार वजती रहे
खेल कोई सूरमा सन्त झेलै।'[20]

कबीर अत्यन्त उत्तेजित होकर पुनः अपने आवेगों से रोमांचित हो उठते हैं—

'टूटे बरत अकास सो, कौन कहत है झेल।
साधु सती अरु सूर का, अनी ऊपर खेल॥'[21]

साधक में अपने आध्यात्मिक उन्नयन की भाव स्थिति से इस प्रकार का आवेग संतत बना रहता है। कबीर तो स्फूर्ति और भावोत्तेजना की छाक में, रामरस के अमल में मदमस्त हैं, उनके सम्मुख तो अपना एक ही लक्ष्य है—

'अवधू गगन मंडल घर कीजै।'[22]

इस स्थिति से नीचे का पद तो उन्हें स्वीकार ही नहीं, यह अवधू जोगी तो जगत से निराला है, वह आकाश में अपने चेतन की चौकी जमाना चाहता है, नश्वर संसार की ओर ध्यान देने का अवकाश उसके पास नहीं है। राम रस का उदात्त प्रभाव उसकी चेतना को कहीं का कहीं पहुँचा देता है—

'अवधू मेरा मन मतिवारा।
उन्मनि चढ़या मगन रस पीवे त्रिभवन भया उजियारा।'[23]

साधना की गरिमा से भरपूर होकर उन्हें तो हर ओर एक अनिवर्चनीय उत्साह भाव की, आत्म-स्फूर्त उत्तेजना की जगमगाहट, उसकी चमक ही चमक दिखाई देती है, तीनों लोक उस आत्मस्फूर्ति से आलोकमय हो उठते हैं, साधक स्वयं प्रकाश-पुंज वन जाता है, तब वह एक विचित्र दृश्य देखता है—

चमकै बीजुरी तार अनत, तहाँ प्रभु बैठे कंवलाकंत।
अखण्ड मंडिल मण्डित मण्ड, त्रिस्नाँन करै त्रीखण्ड ॥[24]

उत्तेजित भाव दशा में सामरस्य का भरपूर आनन्द कबीर ले रहे हैं, ऐसी अद्भुत कल्पना, उदात्त का सहज विस्तार करने में सक्षम न हो, यह कहना गलत होगा। कबीर ने अलंकार लेकर सौन्दर्य-विधान या शब्द-योजना नहीं की है, फिर भी उच्चकोटि के कलाकार में यह गुण स्वयंमेव ही आ जाता है।

उदात्त के मूल में महान धारणाओं की क्षमता और उद्दाम आवेग मुख्य होते हैं, इस स्थिति में कलाकार भावावेग से इतना अधिक प्रेरित हो उठता है कि वह उत्कृष्टतम भावों को अभिव्यंजित किए बिना नहीं रह सकता, उसका प्रभाव प्रवल और दुर्निवार होता है,[25] परिणामस्वरूप वह प्रमाता को, पाठक को, सर्वदा आनन्द देने में समर्थ होती है। कबीर में भी इस प्रकार का प्रभंजन पूर्ण भाव-विस्फोट हुआ है, जो रोके नहीं रुकता—

संतौ भाई आई ग्यान की आँधी रे।
भ्रम की टाटी सबै उडांणी, माया रहै न वांधी ॥
× × ×
आँधी पीछे जो जल बूठा, प्रेम हरिजन भीनाँ।
कहै कबीर भाँन के प्रगटे, उदित भया तम षीना ॥[26]

इस भावावेग की अनुभूति करने वाला साधक किस महानन्द की स्थिति में होगा, इसका अनुमान लगाना हमारे लिए सहज नहीं है। भावों का एकदम विस्फोट होता है, प्रमाता हर ओर उथल-पुथल, आलोडन-विलोडन का अनुभव करता है और अन्ततः एक अनुपम प्रकाश का उदय होने पर समस्त विकारों का अन्धकार नष्ट हो जाता है। कलाकार की कल्पना निस्सीम होकर दिगन्त पार कर जाती है। इस प्रकार का औदात्य मनुष्य को परमतत्व के समीप ले जाता है, ईश्वर और साधक में एकतानता स्थापित हो जाती है। इसका मूलाधार अनुभूति ही है, कबीर में चरमसीमा की अनुभूति मिलती है, आकाश, पाताल, पृथ्वी, सभी की सीमा पार हो जाती है। कबीर उस अविगत अकल अनुपम को देखकर अभिभूत हो जाते हैं—

'अविगत अकल अनुपम देख्या, कहतां कह्या न जाई ।'[27]

अनुभूति की गहन व्यापकता दर्शक और पाठक को मूक कर देती है, कहना चाहकर भी नहीं कहा जाता, यही दुर्निवार प्रभाव उदात्त का गुण है, वह नश्वर तन को कंचन बनाकर, अजर अमर बनाकर आनन्दमयी स्थिति में ले जाता है—

'देखत काँच भया तन कंचन, बिना बानी मन माना ।'[28]

बिना कहे, अभिव्यक्त किए बिना ही, मन उसे स्वीकार कर लेता है, यही अनुभूति की उदात्तता है । इस मन में ऊर्जा उत्पन्न होने पर आनन्दोल्लास का प्रकट होना तो स्वाभाविक ही है, वास्तव में औदात्य महान आत्मा की प्रतिध्वनि है[29]—

आनन्द धरती आनन्द आकास । आनन्द चन्द-सूर परकास ।।
आनन्द आदि-अन्त-मध-तारा । आनन्द अन्धकूप उजियारा ।।
आनन्द सागर-समुद्र तरंगा । आनन्द सुरसति जमुना-गंगा ।[30]

कबीर आनन्द की भरपूर मौज ले रहे हैं, उसी में डुबकियां लगा रहे हैं, अनन्त लीला का अपार सुख उनकी मनःस्थिति को उच्चाकाश की ओर ले जाता है, महाविस्तार की आभा से मण्डित कर देता है, सृष्टि का कण-कण, जल-थल आनन्दमय हो उठता है । वह बाहर के नेत्र नहीं खोलना चाहते, उनका अन्तर्मन खुल जाता है भाव और कल्पना का अनन्त आनन्दमय संसार उनके सामने खुला पड़ा है, उस दृश्य के सुख से कबीर वंचित नहीं होना चाहते ।

वास्तव में कबीर एक अद्भुत व्यक्तित्व और भावभूमि के स्वामी भी हैं जिसमें सहज भाव और प्रबल आवेग दोनों ही एक ही समय उपस्थित रहते हैं; कभी ऊँची लहर उठती है, कभी लघु ललित भावउर्मि, वे दोनों ही भावास्थितियों का आनन्द आस्वाद करने रहते हैं । वे तो ऐसे लोक में विचरण करते हैं जहाँ बारह मास बसन्त होता है, ऋतुराज बसन्त क्रीड़ा करता है, अनाहतनाद की आनन्दमयी ध्वनि होती रहती है । हर और ज्योति और रस की धार बहती रहती है । उदात्त के कलाकार का भाव संसार ही निराला और अद्भुत होता है; जिसका वर्णन वह पूर्ण उद्दाम-भाव संयुक्त होकर करना चाहता है ।

कबीर के इस वर्णन में अनन्त विस्तार, असाधारण शक्ति और वेग, अलौकिक ऐश्वर्य, उत्कट एवं स्थायी प्रभाव क्षमता के गुण उपलब्ध होते हैं । उनका काव्य उत्कृष्ट तथा गम्भीर भावों को जगाने में सक्षम रहता है ।

उदात्त के वर्णन में विशालता, लोकातिशयता होती है, उसमें बुद्धि-संवेग होता है और सबसे महत्वपूर्ण बात यह है कि उदात्त आकृतिहीन हो सकता है । इसके साथ ही वह आत्मनिष्ठ होता है । उदात्त का आवेग इतना प्रबल और

विराट होता है कि हमारी इन्द्रिय उसे ग्रहण करने में असमर्थ प्रतीत होती है, उसमें प्रकृति की शक्ति-सत्ता का ऐसा रूप उद्‌घाटित होता है कि पाठक आश्चर्य अभिभूत रह जाता है, आश्रय की ग्रहण शक्ति पंगु बन जाती है।[31] हीगेल के अनुसार 'जब असीम दृश्य, जगत की वस्तु' विशेष में अपनी अभिव्यक्ति चाहता है, किन्तु चाहकर भी अभिव्यक्ति नहीं हो पाता, तब वह वस्तु समेत उदात्त बन जाता है। यह असीम की अपूर्ण अभिव्यक्ति होती है।'[32] उदात्त मानव हृदय पर अपनी असीमता का व्यापक प्रभाव डालता है। इसके अतिरिक्त मानवचित अपनी संकुचित सीमा से परिचित हो जाता है। किन्तु इस संकुचित हीनभाव स्थिति में ही आत्मा महानता के ऊँचे धरातल पर पहुंच जाती है। आश्रय की धारणा तुरन्त ही आकाश मण्डल में पहुँच जाती है जहाँ सर्वत्र अनन्त अद्‌भुत सत्ता की महिमा का प्रसार है, उसको, मानव मन को स्थिर करके ही देख सकता है—यही गीता वर्णित 'अर्जा' है, जो सुन्दर और भव्य बन जाती है—

'गगन मठ गैब निसान उड़े।
चन्द्रहार चंदवा जहं टांगे, मुक्ता मानिक मढ़े।
महिमा तासु देख मन थिरकर रवि-ससि जोत जरे।
कहें कबीर पियैं जन जोई जन-माता फिरत मरे।।[33]

उदात्त प्रसुत ब्रह्मानन्द की इस आनन्दमयी भाव दशा, मानसिक चेतना में साधक चेतना जब स्थिर हो जाती है तब मानव इस दृश्य का आस्वादन कर साँसारिकता की लिप्सा से दूर हो जाता है, वह उस परम वैभव का दर्शन कर, उसकी महिमा को देखकर अन्य सभी क्षुद्र कामनाओं से मुक्त हो जाता है। सामान्य अनुभूतियों में मनुष्य अपने व्यक्तित्व और कामनाओं की परिधि में आबद्ध रहता है, किन्तु यहाँ वह सत्वोद्रैक की परम स्थिति को प्राप्त कर लेता है।

उदात्त का वर्णन विरोधी तत्वों के द्वारा अधिक वैभवपूर्ण हो जाता है।[34] कबीर ने इसकी पूर्ति विभावना द्वारा की है। इसमें उन्होंने अतिशयमूलक अलंकारों का प्रयोग किया है। कबीर के कल्पना-बिम्ब इसमें सर्वाधिक उपयुक्त रहे हैं। एक स्पष्ट कल्पना चित्र हमारे सम्मुख अंकित हो जाता है, कवि की मनसा वर्ण्यविषय का साक्षात्कार करती है और तब वह आश्रय के सम्मुख प्रत्यक्ष होती है। कबीर ने योगपरक अनुभूति द्वारा इस प्रकार की अभिव्यक्ति और चित्रण किया है जा पाठक की धारणा और विचारना को एकबारगी कुंठित-सा कर देता है, वह कल्पना लोक में गोते लगाता रहता है, उसकी चेतना विभ्रमित-सी हो जाती है[35] किन्तु अन्ततः आनन्द का आस्वादन आत्मा को विचित्र भावों से अभिभूत किए रहता है—

'रस गगन गुफा में अजर झरै।
बिन बाजा झनकार उठै जहं समुझि परै जब ध्यान धरै।
बिना ताल जहं कंवल फुलाने, तेहि चढ़िहंसा केलि करै।
बिना चन्दा उँजियारी दरसै, जहं तहं हंसा नजर परै।
दसवें द्वारे तारी लागी, अलख पुरुष जाको ध्यान धरै।
काल कराल निकट नहिं आवै, काम-क्रोध-मद लोभ जरै।
जुगन जुगन की तृषा बुझानी, कर्म-कर्म अथ-व्याधि टरै।
कहै कबीर सुनो भाई साधो, अमर होय कबहूं न मरै।'[36]

ऐसा वर्णन कल्पना की अतिशयता का बोधक तो है ही, साथ ही इन्द्रियों से परे भी। उदात्त का वर्णन अतीन्द्रिय होता है। वह इतना महान होता है कि इन्द्रियाँ उसे ग्रहण नहीं कर सकतीं, इसलिए इसमें स्थायीतत्व का अभाव होता है। कुछ आत्मनिष्ठ विचारक उत्कृष्ट संवेग की सशक्त अनुभूति को उदात्त कहते हैं। इस दृष्टि से उदात्त 'उन्मेषपूर्ण संवेग की चूड़ान्त घनीभूत अवस्था है।' अतः प्रकृति की विराटता और आध्यात्मिक शक्ति की पराव्याप्ति उदात्त की भावना के सर्वोत्तम उद्दीपन हैं।[37]

कबीर जानते थे कि जहाँ तक इन्द्रियों के माध्यम से मन की पहुँच होती है, वह क्षणभंगुर है, वह माया रूप है, इसलिए कबीर कहते हैं कि इससे ऊपर जाए बिना, उसका अतिक्रमण किए बिना तत्वदर्शन सम्भव नहीं है। कबीर ने अपनी आध्यात्मिक अनुभूतियों के उच्चतम शिखरों का विस्तृत वर्णन किया है। मनोयोग के द्वारा नाद-बिन्दु का मिलन होता है, गोविन्द का साक्षात्कार होने पर मन संसार की सीमाओं को पार कर जाता है, वह लोकोत्तर रस का चर्वण करता है, आध्यात्मिक अनुभूति की चरम साधना फलीभूत होती है, इसलिए कबीर ने शून्य मण्डल में ध्यान करने का आग्रह किया है। वे उस ज्योतिस्वरूप का ध्यान कर स्वयं भी ज्योतिस्वरूप हो जाते हैं। यही उदात्त का आत्मनिष्ठ रूप है, वे उर्ध्वलोक में रमण करते हैं, इन्द्रलोक की सीमाओं को पार कर लेते हैं, उसको प्राप्त कर लेते हैं जहाँ वेद, पुराण की पहुँच नहीं है। उदात्त मन की भूमिका में वे लीन हो जाना चाहते हैं। उन्होंने सत्य का साक्षात्कार विभिन्न भूमियों पर किया है, आनन्द और वैचित्र्य का अद्भुत संयोग उनकी वाणी में अविरल गति से प्रवाहित होता रहता है। उदात्त भूमिकाओं का अनुभव करते हुए उन्होंने उस पथ की कठिनाइयों और अन्तरालों का सूक्ष्म रूप से वर्णन किया है, वे मानव चित्त को अन्धकार की गहराइयों की भटकन से निकालकर अनन्त प्रकाश के खुले मैदान में, बेहदी के मैदान में ले आते हैं जहाँ ससीम निस्सीम, और असीम बन जाता है।[38] वे अपने ब्रह्म की विशाल परिचय भूमि का सृजन करने में

सफल हुए हैं। वे उसकी परम अद्भुत नगरी का दर्शन करते हैं, उस परम रमणीय नगरी में पहुँचना सरल नहीं है—

मोतिया बरसे रौरे देसवाँ दिन राती।
मुरली—शब्द सुनि मन आनन्द भयो, जोति बरै दिन-राती॥[39]

कबीर के उदात्त भावन में रूप-अरूप, सीम और असीम की लीला निरन्तर चलती रहती है, वहाँ इन्द्रिय और इन्द्रियातीत का द्वन्द्व चलता रहता है। वे मानते हैं कि, कोई भी इन्द्रियगोचर वस्तु, जो अपने को ही चरम या स्वतन्त्र समझने का भान करती है, वस्तुतः वैसी नहीं है। साधना इस भान के आवरण को भेद कर ही परम पदार्थ को देखना चाहती है। रूप ही हमें अरूप की ओर उन्मुख करता है और सीमा ही असीम की ओर हमें बढ़ाती है, तभी उदात्त की सृष्टि होती है, जैसे-जैसे वस्तु इन्द्रियातीत होती जाती है, हमारी जिज्ञासा और कल्पना का विकास होता जाता है ओर हम लघु से विराट का दर्शन करने में सफल होते हैं। रूपातीत की अभिव्यंजना कबीर की उदात्त भावना का आधार है।[40]

'नाहि स्वरूप, वरण नहि जाकै।
घटि घटि रह्यौ समाई॥[41]

यही अद्भुत और अनुपम है। वह निर्गुण तत्व का अद्भुत कौतुक देखते हैं और एक तेजोमय अद्भुत लोक में प्रवेश कर निस्सीम हो जाते हैं। उदात्त में हम छोटी-छोटी रूपात्मक वस्तुओं के आधार पर उस अनन्त तेज पुंजलोक की कल्पना या धारणा नहीं कर सकते। उस कल्पनातीत परम प्रकाशमय लोक को हम क्या संज्ञा दे सकते हैं, उसका वर्णन करना असाधारण वाग्मिता की अपेक्षा करता है—

हद छाँडि देहद गया, रहा निरन्तर होय।
बेहद के मैदान मैं, रहा कबीरा सोय॥[42]

उदात्त वर्णन के लिए जिस अगाध प्रतिभा की आवश्यकता है, उससे कबीर परिपूर्ण है। उनके अन्तर्मन में अखण्ड पूर्णता है, वही उनकी कल्पनातीत भावना को पोषित करता रहता है।[43]

उदात्त का वर्णन करते हुए कबीर ने अपने काव्य में मधुर और शान्त पक्षों का निर्वाह भी किया है, सम्भवतः यह उदात्त के पूरक ही सिद्ध होते हैं। कबीर उदात्त की प्रबलता को आत्मा के उल्लास या उत्कर्ष द्वारा और अधिक संवर्द्धित करते हैं, भारतीय दृष्टि से रसतत्व को आनन्दमय परिणति का सत्वाद्रेक उनमें मिलता है—

रितु फागुन नियरानी, कोई पिया से मिलावे।
पिया को रूप कहाँ लग बरनूं, रूपहिं माँहि समानी।
जो रंग रंगे सकल छवि छाके, तन मन सभी भुलानी।
यों मत जानेय ही रे फाग है, यह कुछ अकह-कहानी।
कहै कबीर सुनो भई साधो, यह गत बिरलै जानी ॥[44]

आध्यात्मिक माधुर्य की रसधारा प्रवाहित हो रही है, आश्रय अपने प्रियतम आलम्बन के परम सुन्दर रूप की छवि में रस स्नात है, वह तन-मन की चेतना विस्मृत कर बैठा है, मधुर प्रेम का रस उसके चित्त में सत्वगुण का उन्मेष कर रहा है, आत्मारूपी दुलहिन प्रियतम की प्रतीक्षा में आतुर होकर बैठी है—

न्हाय-धोय दुल्हिन होय बैठी, जोहै पिय की बाट रे।
तनिक घुंघटवा दिखाइव सखी री, अज सोहाग की रात रे ॥[45]

आत्मा का शुद्ध-बुद्ध रूप ही उदात्त का सृजन करता है। साधक आत्मा समस्त साँसारिकता से मुक्त होकर परमतत्व के माधुर्य में निमज्जित होने के लिए तैयार बैठी है। कबीर की इस रूपक-योजना में अप्रस्तुत विम्व-विधान का सृजन सत्वभावों का उद्रक सहज में ही कर देता है। इसी उदात्त भाव-स्थिति में प्रवेश कर आत्मा अनन्त आनन्द और शान्ति का अनुभव करती है, शान्त रस की निर्वेद भावना की उत्पत्ति होती है। आध्यात्मिक सूक्ष्म अनुभूति होने पर मन-प्राण अलौकिक आनन्द की अनुभूति कर ऊर्ध्व स्तरों पर अग्रसर होते हैं।

कबीर ने आत्मा की स्थूल से सूक्ष्म की ओर यात्रा का सहज और स्वाभाविक वर्णन करते हुए भी उसमें भावावेगपूर्ण आध्यात्मिक अलौकिक तत्व का उदात्त पक्ष वर्णित किया है। सुरति निरति में समा जाती है। तब स्वयंभू अथवा शिव का द्वार-सहसार चक्र उद्घाटित हो जाता है, यह शून्य, अशब्द स्थिति होती है, साधक आत्मा शान्त रस के निर्वेद का रसपान करने लगती है।

घट की जोति जगत प्रकास्या, माया सोक बुझानां।

× × ×

कहे कबीर जे हरि रस भोगी, ताकू मिल्या निरंजन योगी।[46]

× × ×

सुन्न मण्डल में घर किया, वाजै शब्द रसाल।
रोम रोम दीपक भया, प्रगटे दीन दयाल। (कबीर 232)

× × ×

सबद-निरन्तर से मन लागा, मालिन वासना त्यागो।
उठत-बैठत कबहूँ न छूटै, ऐसी तारी लागी ॥ (शब्दावली शब्द 30)

पूरा मिल्या तबै सुप उपज्यो, तन की तपनि बुझानी ।
कहे कबीर भव बंधन छूटे, जोतिहि जोति समानी ।[47]

सच्चे वाग्मी (कलाकार) को निश्चय ही क्षुद्र और हीनतर भावों से मुक्त होना चाहिए क्योंकि यह सम्भव नहीं है कि जीवन-भर क्षुद्र उद्देश्यों और विचारों से ग्रस्त व्यक्ति कोई स्तुत्य एवं अमर रचना कर सके ।[48] औदात्य रचनाकार को ईश्वर के समीप ले आता है । इसीलिए कबीर की आत्मा का भव्य आवेग अन्ततः उन्हें आध्यात्मिक प्रकाश-पुंज से मंडित कर ऐसे उत्कर्ष पर पहुँचा देता है कि वह सभी प्रकार की सांसारिक क्षुद्र भावनाओं से मुक्त होकर अनन्त भाव-रस के आनन्द का आस्वादन कर आत्मस्फीति की उच्चतम स्थिति में पहुँच जाते हैं । कबीर में औदात्य की भरपूर व्यंजना हुई है, उनकी अभिव्यंजना की सरलता, सहजता और गम्भीरता सतत बनी रहती है । इन्द्रियातीत का आध्यात्मिक आनन्द लेने वाली उनकी आत्मा परमपवित्र मानसरोवर में स्नान कर उन्मनि दशा में गगन की ओर बढ़ती है तथा उनकी वाणी माधुर्य-भावना और शान्त रस की वर्षा से पाठक के अंग-अंग को भिगो देती है ।

सन्दर्भ

1. क० ग्र०, उपजाणि कौ अंग, साखी 3
2. वही, परचा कौ अंग, साखी 15
3. वही, पदावली 293
4. वही, पदावली 340
5. वही, रमैणी 1
6. वही, पदावली 345, 327
7. डॉ० नगेन्द्र—काव्य में उदात्त तत्व, भूमिका भाग, पृ० 10-11
8. क० ग्र०, पदावली 259
9. वही, परचा कौ अंग, साखी 11
10. वही साखी 21
11 कुमार विमल सौन्दर्य शास्त्र के तत्व, पृ० 119
12. वही, पृ० 118
13. क० ग्र०, परचा कौ अंग, साखी 17
14. ह० प्र० द्विवेदी – कबीर, पृ० 65 (कबीर मनसूर 576)
15. ह० प्र० द्विवेदी—कबीर, पदावली, 50

16. वही, पद 31
17. वही, पदावली 16
18. क० ग्र० सूरातन कौ अंग, साखी 6
19. ह० प्र० द्विवेदी—कबीर पद 37-2
20. शब्दावली, पृ० 106
21. रामकुमार वर्मा—संत कबीर साहब, पृ० 220
22. क० ग्र० पदावली 70
23. वही, पदावली 72
24. वही, पदावली 328
25. डॉ० नगेन्द्र—काव्य में उदात्त तत्व, पृ० 11
26. क० ग्र०, पदावली 16
27. वही, पदावली पृ० 6
28. वही, पदावली 6
29. डॉ० नगेन्द्र—काव्य में उदात्त तत्व, पृ० 55
30. ह० प्र० द्विवेदी—कबीर, पद 82
31. कुमार विमल—सौन्दर्य शास्त्र के तत्व, पृ० 119
32. वही पृ० 117
33. ह० प्र० द्विवेदी—कबीर, पद 44
34. डॉ० नगेन्द्र—काव्य में उदात्त तत्व, पृ० 19
35. प्रताप सिंह चौहान—कबीर साधना और साहित्य, पृ० 356
36. कबीर वाङ्मय, भाग 1, पद 249
37. कुमार विमल—सौन्दर्य शास्त्र के तत्व, पृ० 118
38. प्रताप सिंह चौहान—कबीर साधना और साहित्य, पृ० 362
39. ह० प्र० द्विवेदी—कबीर पृ० 171 (शब्दावली पृ० 72)
40. ह० प्र० द्विवेदी—कबीर, पृ० 189
41. क० ग्र०, पदावली 180
42. रामकुमार वर्मा—संत कबीर साहब, पृ० 263
43. ह० प्र० द्विवेदी—कबीर पृ० 132, 180
44. शब्दावली 22, पृ० 15 (द्विवेदी—कबीर पद 98)
45. ह० प्र० द्विवेदी—कबीर पद 85
46. ह० प्र० द्विवेदी—कबीर, पद 232; शब्दावली शब्द 30
47. वही, पद 108
48. डा० नगेन्द्र—काव्य में उदात्त तत्व, पृ० 12

कबीर की मनोव्यथा

कबीर में जहाँ गहन आक्रोश था, वहाँ उनका हृदय उससे भी अधिक संवेदनशील और भावुक था, अपने को हर किसी के दुःख-दर्द से जोड़ लेना उनका सहज स्वभाव था और साथ ही किसी भी अन्याय अत्याचार, कुरीति, वैषम्य कट्टरता का विरोध करने वाला तीव्र विद्रोही स्वर भी उनमें मिलता है, जो उनका कवि कर्त्तव्य था या संत की परहित भावना। कबीर के काव्य में एक पीड़ा एक दर्द से भरा आर्त्तस्वर मिलने के साथ-साथ आक्रोश की अभिव्यक्ति भी उतनी ही तीव्र मिलती है। अधिकतर विद्वानों के मतानुसार कबीर का लक्ष्य अथवा प्रयोजन काव्य रचना करना नहीं था अपितु उपदेश द्वारा मानवोत्थान, परहित, आत्मज्ञान प्राप्ति की प्रेरणा देना ही उनकी रचना का उद्देश्य था, अतः ऐसे व्यक्ति की रचना में कलात्मक सौष्ठव की खोज करना असंगत प्रतीत होता है। उनके काव्य में दुनिया की पीड़ा, करुण पुकार ही नहीं है, अपितु उनकी वाणी का अध्ययन करने पर उनकी व्यक्तिगत व्यथा-कथा भी उसमें झलकती मिलती है।

सुखिया सब संसार है खावै अरु सोवै।
दुखिया दास कबीर है। जागै अरु रोवै ॥ क० ग्र०, विरह को अंग, साखी 45

उनके अन्तःसाक्ष्य से ज्ञात होता है कि उन्होंने बहुत दुःख-दर्द भरा जीवन अपने बाल्यकाल से ही व्यतीत किया था और उसी प्रकार का उपेक्षा एवं अवहेलनापूर्ण व्यवहार उन्हें समाज से मिला था, धर्म-सामन्तों एवं शासकों से भी उन्हें दुर्व्यवहार मिला था तथा इनके द्वारा उन पर अनेक बार अत्याचार किए गए थे।

इसी जीवन-पृष्ठभूमि के कारण उनके काव्य में उनकी मनोवेदना का मर्मान्तक स्वर सुनाई पड़ता है, इससे वे कहीं उद्वेलित तथा विचलित हुए ही प्रतीत नहीं होते हैं अपितु उनकी ग्लानि तथा पश्चाताप एवं विषाद भी उभर

कर आए हैं। उनका मन कहीं वीठुला में, कहीं गोकुलनायक में और कहीं स्नेही राम में रम गया है, जिनसे उन्हें कुछ सान्त्वना मिलती है—

'अब मैं पायो राजा राम सनेही, जा विनु दुख पावै मेरी देही।'[1]

वे विश्व के प्रपंच को देखकर विकल हो गए थे—

'राम राई भई विकल मति मोरी'[2], और फिर कहते हैं—
'तुम्हे विन राम कवन सों कहिये, लागी चोट बहुत दुख सहिये।'[3]

इस व्यथा का एक रूप वहाँ देखने को मिलता है जहाँ वे पंडित, मौलवी, काजी, मुल्ला, पांडे को फटकारते दिखाई देते हैं, दूसरे जहाँ उनका अपना दुःख-दर्द समस्त समाज, धर्म के ठेकेदारों तथा आर्थिक शोषण एवं राजनीतिक अत्याचार करने वाले शासकों के प्रति उनके विद्रोही स्वर में अभिव्यक्त हुआ है। दिगम्बर, शाक्त की उन्होंने खूब खबर ली है, वस प्रीति की है तो वैष्णव भक्त से, क्योंकि वही सच्चा सात्विक व्यक्ति उन्हें इस संसार में मिला।

गहराई से देखने पर कबीर का व्यक्तित्व उन्हें इन्सानी रिश्तों का कवि, सर्वहारा श्रमिक-वर्ग का, दलित वर्ग का प्रतिनिधि सिद्ध करता है, उपेक्षित, अवहेलित, निराहत, पशु-तुल्य समझे जाने वाले, हीन-तुच्छ माने जाने वाले पीड़ित वर्ग का संताप भी उनकी वाणी का प्रखर स्वर बना है और उनकी वेदना मानव-समूह से उसके दुःख-दर्द से जुड़कर आर्त्तनाद कर उठी—

'सुर नर दाधे लागि आगि। निकट नीर पशु पीवसि न झांगि।'[4]

कबीर ने अपनी मति भी खो दी है और अब अपनी दुर्मति का कुपरिणाम देखकर पश्चाताप कर रहे हैं। लोग दुष्टवृत्ति के आधीन हो गए हैं, उनके हृदय में कपट है किन्तु मुख से ज्ञान का वखान करते हैं, वे बातों से आसमान गिरा देते हैं—भ्रमपूर्ण, झूठी और कुचाल की बातें करते हैं। किन्तु कबीर न निराश हुए न हताश, हां पीड़ित अवश्य हुए, उद्वेलित होकर वे कभी गगनभेदी गर्जना, घोर-निनाद करते हैं और कभी अपने ज्ञान-ध्यान में लीन होकर, मधुर रस में लीन होकर आप ही आप मुस्कराने लगते हैं, सभी प्रकार की अव्यवस्था, कुसंस्कारों की लपट झेलते हुए भी कबीर स्वयंभूत आनन्द सागर में डूब जाते हैं और प्रफुल्लित चित्त होकर सृष्टि का, अपने आप का पसारा, उसका विराट रूप संसार में देखते हैं। इतना होने पर भी उनका क्रोध, आक्रोश, डांट फटकार उनकी वाणी की ओजपूर्ण अभिव्यक्ति में निरन्तर बने हुए हैं।

कबीर को अपने जुलाहा जाति का होने की हीन-भावना, उसके प्रति समाज का उपेक्षापूर्ण व्यवहार, उनके हृदय को बार-बार कचोटता है—

'तू ब्राह्मन मैं कासी का जुलाहा, बूझहू मोर गियाना।'[5]

उनमें बार-बार ब्राह्मण जाति को चैलेंज करने का उग्रभाव उत्पन्न होता है, वे बार-बार व्यंग्यपूर्ण रूप से इस भाव को व्यक्त करते हैं, मैं जाति का जुलाहा हूँ, मेरा नाम कबीर है क्या तुम्हें मेरी बात पर विश्वास नहीं है, हे ब्राह्मण, तुम उच्च वर्ग के हो, तुम वहाँ जाओ जहाँ रेशमी परिधान हों, अगर, चन्दन को घिसकर लगाते हों, मैं तो कमीन जाति का हूं, अस्पर्श्य हूँ, मेरे पास आकर क्या करोगे ?

'जाति जुलाहा नाम कबीरा, अजहूं पतीजो नाहीं।
तहाँ जाहुँ जहाँ पाट पटबंर, अगर चंदन घसि लीना।
आइ हमारे कहा करोगें, हम तो जाति कमीना॥'[6]

'जाति कमीना' में उनकी व्यथा, पीड़ा, आक्रोश, सभी मुखरित हो उठे हैं। कबीर ने इस यथार्थ का साक्षात्कार कर लिया था कि उनकी जाति की सामाजिक मर्यादा बहुत नीची है। उन्हें उच्चवर्ग से समानता तो क्या, सामान्य मेल-मिलाप की कल्पना भी नहीं करनी चाहिए। सम्भवतः उस युग में जुलाहा जाति उच्चवर्ग के अपमान और उपहास की पात्र थी। डॉ० हजारीप्रसाद द्विवेदी के अनुसार यह एक जोगी जाति थी, जो वर्णाश्रम व्यवस्था से बाहर कर दी गई थी। कबीर ने इस अपमान की पीड़ा को, स्वयं को कोरी कहकर व्यक्त किया है—

'हरि को नांव अभयपद दाता, कहे कबीरा कोरी।'[8]

'हरि को नाम' उनका दृढ़ सम्बल है, वही एकमात्र अवलम्ब है जिसके द्वारा उन्होंने ज्ञान प्राप्त करके अपने को सन्तुष्ट कर लिया है। उनके भावों का गाम्भीर्य, वाणी का ओज निरन्तर बना रहता है, वह हमें कहीं भी अवरुद्ध नहीं मिलता। उनकी बानी को पढ़कर ऐसा प्रतीत होता है कि मानो विघ्न-बाधाएँ उनके मार्ग की गतिरोध करने के स्थान पर उनके साधना मार्ग, उनके कर्म-पथ को प्रशस्त करने का कार्य करती है, उनसे उनके भावोत्साह का आश्चर्यजनक संवर्द्धन हुआ है, 'एक शब्द में कबीर का व्यक्तित्व किसी दबाव का नहीं था, वह अविकृत, सहज और उन्मुक्त था।'[9] वास्तव में उनके व्यक्ति-में एक उदग्र क्रान्ति झाँक रही है। वे एक ज्वालामुखी की भाँति विस्फोट करते प्रतीत होते हैं, जब वे कहते हैं—

'ब्राह्मण गुरु जगत का, साधू का गुरु नांहि।
उरझि पुरझि-करि मरि रह्या, चारिउं वेदा मांहि॥'[10]

उच्च वर्ग के प्रति उनका ऐसा तीखा स्वर कबीर की किसी हीन-भावना के कारण नहीं था अपितु उनमें विषम परिस्थितियों और व्यक्तिगत कटु अनुभवों द्वारा उत्पन्न एक आक्रोश, एक झुंझलाहट थी, जो मानव जीवन, समाज के समग्र ढांचे को बदलने के लिए अकुला रही थी, उनकी व्यक्तिगत झुंझलाहट सामूहिक क्रांति में परिवर्तित हो रही थी। कबीर आत्मचेता थे। स्वतंत्र और निर्भीक व्यक्तित्व के स्वामी थे, हीन-भावना ग्रस्त कोई व्यक्ति इतनी उजागर उजली, तीखी और चुनौती भरी वाणी नहीं बोल सकता।

कबीर निर्मल और शुभ्र व्यवितत्व के धनी थे, भक्ति-भावना के अहिंसा-मूलक प्रेम भाव से वे बहुत प्रभावित थे, इसलिए उनकी भक्ति सुलभ दीनता, विनयशीलता समर्पण और परोपकार की भावना ने उनके क्रोध, विद्रोही भाव को दबाने का प्रयत्न किया है। कबीर में बौद्धिक क्रान्ति और विरोध का जो एक स्वर सदैव ही गूंजता मिलता है वह हीन-भावना ग्रस्त व्यक्ति का हो ही नहीं सकता। वह उनकी आत्मपीड़ा, आत्मव्यथा, मनोव्यथा है। कबीर स्वाधीन-चेता प्राणी थे। पराधीन गुग के परिवेश में आविर्भूत होकर भी दासता की मनोवृत्ति का नितान्त अभाव ही उनके जीवन का दृढ़ आधार था।'[11] ऐसा व्यक्ति हीन-भावनाग्रस्त और पलायनवादी नहीं हो सकता। श्रेष्ठ कवि में, रचनाकार में अपनी पीड़ा ही संसार की पीड़ा बन जाती है—

'जन की पीर हो राजाराम भत्न जानें।'[12]

इन शब्दों में कबीर ने मानो अपनी व्यथा को, वेदना को सजीव कर दिया है और संसार के स्वामी से, संसार की व्यथा भी कह दी है। उनके राजा राम ही सबका दुःख समझने वाले, उसे दूर करने वाले हैं, कवीर ने अपने दुःख को भी बड़ी सहज और संवेदनशील शैली में कह दिया है।

कबीर ने अपने बाल्यकाल से ही बहुत दुःख दर्द, अपमान सहन किया था, उसकी समृति उन्हें बार-बार उद्वेलित करती है, उन्होंने अपनी युवावस्था में भक्ति नहीं की, वे विषय-वासना में लीन रहे और उन्होंने अपना अमूल्य समय गवां दिया, मोह-माया में जीवन व्यतीत कर दिया, उनकी आयु का बारह वर्ष का समय बाल्यकाल में बीत गया, फिर बीस वर्ष की आयु तक भक्ति साधना करी, फिर तीस वर्ष तक रामनाम का सुमिरन नहीं किया, अतः फिर पछताने से क्या होता है, जब वृद्धावस्था ही आ गई—

'मेरी मेरी करतां जनम गयो, जनम गयो पर हरि न कह्यो।
बारह साल बालपना खोयो, बीस बरस कछु तप न कियो।
तीस बरस कै राम न सुमिरयो, फिरि पछितानो विरध भयो॥'[13]

'कबीर की उद्दाम युवावस्था कामदग्ध थी; प्रौढ़ावस्था चरम परिणति के आत्मा-परमात्मा-बोध-सूत्र का रससिक्त संधान सूत्र और वृद्धावस्था-आत्मा ही परमात्मा की पर्याय बनकर सिद्ध जीवन की परिपूर्णता चरितार्थ हो रही थी।'[14] अपने कामदग्ध जीवन का पश्चाताप उन्हें था—

'तृया का बदन देखि सुख पावै, साध की संगति कबहूं न आवै।'[15]

वे फिर कहते हैं—

'विषै विकार बहुत रुचि मांनी'[16]

इसलिए वे सामान्यजन को प्रबोधित करते हुए कहते हैं—

'जाइ रे दिन ही दिन देहा; करि लै बौरी राम सनेहा।
बालापन गयौ जोबन जा सी, जुरा मरण भौ संकट आसी।'[17]

सम्भवतः पश्चाताप भी कबीर को कोई सन्तोष नहीं दे सका था।

कबीर गृहस्थ थे, उनका कौटुंबिक जीवन कलहपूर्ण था वह सुखमय नहीं था, इससे वे बहुत निराश, दुखी, विषादग्रस्त रहते थे, आत्मग्लानि उनके हृदय को सदा सालती रहती थी, अपनी पत्नियों के सम्बन्ध में कबीर कहते हैं—

'पहली कुरूप कुजाति, कुलक्खनी साहु है पेंइयै ढुरि।
अबकी सुरूप सुजाति सुलक्खनी सहजै उदर धरी।'[18]

वे अपनी पहली पत्नी के दुर्गुणों, नीच व्यवहार से बहुत दुखी थे, वह न तो इन्हें भगवत स्मरण करने देती थी, और न ही स्वयं करती थी, साधुओं का अपमान भी करती थी। सम्भवतः उसने कबीर के साथ कोई छल-कपट, विश्वासघात भी किया हो। वे दूसरी पत्नी के सुलक्षणा होने, शुद्ध आचार-विचार से सन्तुष्ट थे। उनके एक पुत्र कमाल और पुत्री कमाली भी थे, पुत्र कमाल के आचरण से वे सन्तुष्ट नहीं थे, इसलिए कबीर कह उठे कि ऐसी संतान से मेरा वंश डूब गया—

'बूड़ा बंस कबीर का, उपज्यो पूत कमाल।
हरिका सिमरन छांडि कै, घर लै आया माल।'[19]

कबीर की माता भी उनके सत्संग और साधु सेवा से बहुत संतप्त थीं, जीवन-निर्वाह की आवश्यकताओं के पूरा न होने पर वे कबीर को अपना काम-काज ठीक प्रकार से करने के लिए कहती रहती थीं, यही उनकी वेदना का कारण था वे प्रायः बिलख-बिलख कर रोया करती थीं—

'मुसी मुसी रोवै कबीर की माई।'[20]

कबीर भौतिक सुख-सुविधा से वंचित थे, उनका जीवन असुविधा और

कष्ट का शिकार रहा, अन्न का अभाव भी उनके गृहस्थ जीवन को संकटमय बनाता रहा था, कबीर तो अल्प में सन्तुष्ट होने वाले प्राणी थे, किन्तु बच्चों के लिए भोजन सामग्री नहीं थी—

लरकी लरिकन खैंवो नाहीं ।[21]

अन्तः-साक्ष्य से पता चलता है कि उनके दैनंदिन जीवन की भोजन-सामग्री लगभग दो सेर आटा, थोड़ा नमक, पाव भर घी, आध सेर दाल से पूरी हो सकती थी—

दुई सेर मांगउ चूना ।
पाउ घीउ संगि लूना ।
अध सेर मांगउ दाले ।
मोकउ दोनउ बखत जिवाले ।[22]

डा० मोहनसिंह के अनुसार कबीर की चार सन्तान, दो लड़के, दो लड़की थी। उनका निर्वाह करना, पालन करना ही कबीर के लिए कठिन हो रहा था, वे कष्टसाध्य जीवन व्यतीत कर रहे थे, जब वे भक्ति-भजन में लीन हो जाते थे तो अपना व्यवसाय, ताना-वाना छोड़कर बैठ जाते थे, इस कारण परिवार का पालन जटिल परिस्थिति उत्पन्न कर रहा था। कबीर अपनी वस्तु-स्थिति से वहुत दुखी थे। व्यवसाय के ढंग से न चलने से उत्पन्न विघ्न के साथ-साथ उस समय दलित वर्ग, इनकी जुलाहा जाति की हालत भी ठीक नहीं थी, धना-भाव अनेक कठिनाइयाँ उत्पन्न कर रहा था । समाज में निर्धन व्यक्ति के प्रति न तो कोई सहानुभूति थी और न ही आदर भाव था, कबीर ने इस सत्य का तीखा अनुभव कर लिया था, धनी व्यक्ति निर्धन के आने पर मुंह फिरा लेता था—

'निर्धन आदर कोई न देई । लाख जतन करै ओहु चित न धरेई ।
जो निर्धन सरधन कै जाई । आगै बैठा पीठ फिराई ।'[23]

कबीर के विचार से धनी, निर्धन दोनों भाई-भाई हैं, प्रभु की दृष्टि में दोनों में कोई भेद नहीं है । कबीर धनवान को चेतावनी देते हैं कि उसे धन का गर्व नहीं करना चाहिए, कंजूस व्यक्ति का धन व्यर्थ ही जाता है—

'कोटी धज साह हस्ती वंध राजा, क्रिपन को धन कौने काजा ।'[24]

कबीर ने अपने जन्म से अपमान, उपेक्षा, दुःख दर्द को सहन किया था, फिर सामंती वर्ग, धनी और उच्च जाति का दुर्व्यवहार और भी कष्टदायक सिद्ध हो रहा था, वह निम्न-जाति तथा निर्धन के प्रति कोई प्रेमभाव नहीं रखता था, साधु-सन्तों को भिक्षा भी ठीक-ठीक नहीं मिलती थी, उनका कोई

आदर नहीं था। यह सब कबीर ने देखा। उन्होंने कहा है कि जब से मेरा जन्म हुआ है मैंने कभी सुख नहीं पाया, मैं हर क्षण, हर स्थिति में दुःख की ज्वाला से झुलसता रहा हूँ—

'जदि का भाई जनमियां, कहूँ न पाया सुख।
डाली डाली मैं फिरौं, पातौं पातौं दुःख।'[25]

उन्होंने समाज की दुर्दशा से उत्पन्न अपनी व्यथा तथा अपने व्यक्तिगत जीवन के संताप दोनों को अलग-अलग व्यक्त किया है। प्रत्येक व्यक्ति का अपना एक निजी कल्पना संसार होता है, उसके फलीभूत न होने पर उस पर चोट, आघात होने पर वह वेदना से चीत्कार कर उठता है, विवशता की पीड़ा बड़ी गहन होती है, कबीर के साथ भी यह वस्तुस्थिति थी। उन्होंने अपने जन्म से जाति-पाँति, ऊँच-नीच की विडम्बना का सामना किया था, कोई उन्हें हिन्दू मानता तो कोई मुसलमान, कबीर अपने को केवल इन्सान मानते थे, वे जाति-पाँति के प्रपंच से अपने को मुक्त रखना चाहते थे, किन्तु समाज स्वीकृत मान्यता ही प्रमुख होती है, कबीर ने इस पहेली का हल अपने दिल में खोज निकाला—

'दिल ही खोजि दिलै दिल भीतरि, इहाँ राम रहिमांनां।'[26]

उनके हृदय में राम, रहीम समान रूप से विराजमान थे, वहाँ कोई भेद-भाव अन्तर नहीं था। कबीर को सभी वर्गों में ब्राह्मण वर्ग से बहुत संघर्ष करना पड़ा था। वह कबीर को आदर-सम्मान, उनके ज्ञान को, कोई मान्यता देने के लिए तैयार नहीं था। कबीर का विचार था कि जो ज्ञानी है, राम की भक्ति करने वाला है, जिसने उस ब्रह्म का साक्षात्कार कर लिया है, जो सत्य-पालन करने वाला, आडम्बररहित है, श्रेष्ठ आचार-विचार का पालन करने वाला है, उसे समाज में, विद्वत लोगों में उचित आदर मिलना ही चाहिए, किन्तु कबीर की यह आकांक्षा पूरी न हो सकी। केवल उनके गुरु स्वामी रामानन्द ही कबीर की सत्यता, उनकी मर्मवेदना को समझ सके थे। संत की कोई जाति नहीं होती, फिर भी कबीर कठोर यथार्थ को अस्वीकार नहीं कर सक रहे थे, इसी पीड़ा से आहत होकर, वे कहते हैं—

जाति जुलाहा नाम कबीरा, बनि बनि फिरौं उदासी।[27]

कबीर इस स्थिति से हताश नहीं हुए, वे अनन्त धैर्यवान और गम्भीर विचारक तथा उच्चकोटि के साधक थे, उन्होंने अभयपद प्राप्त कर लिया था वे मति के धीर थे, अतः अत्यन्त हर्षित मन से हरिनाम सुमिरन करते रहते थे, वह बाह्य दुःख-द्वन्द्व से निरपेक्ष होकर आनन्दलीन रहते थे।

'जाति जुलाहा मति को धीर, हरषि हरषि गुण रमैं कबीर।'[28]

आत्मविश्वास, आत्मज्ञान प्रदत्त धैर्य भावना, निष्काम निर्वैरी भाव, मूल सत्य की प्राप्ति से उपलब्ध समता-दृष्टि उनकी मनोव्यथा को दूर करने में सहायक सिद्ध हुए, उनमें एक सहज स्वाभिमान, आत्मगरिमा का भाव था, जो उनके व्यक्तित्व को निर्द्वन्द्व बनाए हुए था।

गुरुप्रदत्त ज्ञान, साधुओं की सत्संगति ने उनकी साधना को निखार दिया था, वे आत्म-सौन्दर्य से भर गए थे, परमविभु का प्रकाश उनकी आत्मा को आलोकित किए हुए था, चित-विकारों की शुद्धि उनकी प्रेम भावना का उन्नयन कर रही थी, अतः कबीर ने अपने व्यक्तिगत जीवन के दुख-द्वन्द्व पर विजय पाने का प्रयत्न किया। रामभक्ति उनके लिए परम साध्य थी, जिनके द्वारा उन्होंने जगत् को जीत लिया था—

'राम भगति परि जाको हित चित, ताकौ अचिरज काहा।
गुर प्रसाद साध की संगति, जग जीति जाई जुलाहा।'[29]

कबीर के कथनों से यह भी ज्ञात होता है कि इस जन्म में तो वे जुलाहा जाति में उत्पन्न हुए हैं किन्तु पूर्वजन्म में वे भी ब्राह्मण थे, अपने ओछे कर्मों के फलस्वरूप ही उन्हें जुलाहा का जन्म मिला है। ऐसे उच्च-वर्ण को प्राप्त करके भी यदि कोई राम नाम नहीं लेता, भक्ति नहीं करता, तप से वंचित रहता है तो उसका परिणाम यह होता है कि उसे उच्चवर्ण में पुनः जन्म नहीं मिलता—

'पूरब जनम हम ब्राह्मन होते, ओछे करम तप हीनां।
राम दैव की सेवा चूका, पकरि जुलाहा कीन्हां॥'[30]

उनका यह चेतावनी संकेत अपने युग के ब्राह्मणों के लिये है, नीच कर्म करने से ही मनुष्य की जाति नीची होती है, इसलिए उन्हें अपने कर्मों को सुधारना चाहिए, अन्यथा उसका दुष्परिणाम उनके सामने है। अतः नीचे कर्म करने वाले ब्राह्मण उनसे ऊँची जाति के किस प्रकार से हो सकते हैं। अपने प्रति हुए नीच व्यवहार को देखकर कबीर के कटु-व्यंग्य बाण ब्राह्मणों पर बरसते हैं। आज का ब्राह्मण आडम्बरी है, कपटी है, सच्चा ज्ञानी नहीं है, वह मिथ्या शास्त्रज्ञान का बोझ अपने ऊपर लादे फिर रहा है, अपने को ज्ञानी कहकर अहंकार करता है। कबीर ब्राह्मण वर्ग के इस दुर्व्यवहार के सम्मुख किसी भी प्रकार से झुकने को तैयार नहीं थे। जो लोग समाज में कपट-जाल फैला रहे हैं, जिनका लक्ष्य स्वार्थवृत्ति है, जो शोषण करते हैं, पर पीड़ा में जिन्हें आनन्द मिलता है, विषय-भोग में लीन रहते हैं, वे समाज में आदर के पात्र किस प्रकार से हो सकते हैं। कबीर इस समाज व्यवहार को किसी भी प्रकार से

स्वीकार करने के लिए तैयार नहीं थे। यह एक जटिल प्रश्न है जो कबीर की चेतना को झिझोड़ जाता है, वह इसका उचित समाधान न कर पाने पर व्यथा से भर उठते हैं।

कबीर को धर्माचार्यों और शासक वर्ग के अत्याचार का शिकार भी होना पड़ा था, मौलवियों, काजियों ने इनके विरुद्ध अनेक षड्यंत्र किए, उन हालात से पीड़ित होकर वे करुण-स्वर में चीत्कार कर उठते हैं—

'बांधि भुजा मलै करि डारयो, हस्ती कोपि मूंड में मारयो।'

उन्हें हाथी से कुचलवाने का प्रयत्न किया गया था, कबीर इस दंड का विरोध करते हुए पुनः कहते हैं—

'कहा अपराध संत हो कीन्हां, बांधि पोट कुंजर कूं दीन्हां ॥'[31]

ग्रंथ साहव में भी ऐसा ही उल्लेख मिलता है जिसमें कवीर जी को जंजीर से बाँधकर गंगा में फेंके जाने की कथा है—

'गंगा गुसाइन गहिर गंभीर। जंजीर बांध करि खरे कबीर ॥
गंगा की लहरि मेरी टूटी जंजीर। मृगछाला पर बैठे कबीर ॥'[32]

ऐसा ही वर्णन कबीर ने और भी किया है—

'अति अथाह जल गहर गंभीर, बाँधि जंजीर जलि बोरे हैं कबीर ॥
जल की तरंग-उठि कटि हैं जंजीर, हरि सुमिरन तट बैठे हैं कबीर।'[33]

इन वर्णनों से स्पष्ट होता है कि कबीर पर अनेक बार अत्याचार हुए, परन्तु वे अपनी आस्था पर अडिग रहे, किन्तु अपनी व्यथा को भी छिपा न सके, किस अपराध का दंड मुझ जैसे सज्जन व्यक्ति को मिल रहा है। वे अपना दुःख किस से कहें—

'कहै कबीर यहु दुख कासनि कहिये,
अपने तन की आपै ही सहिये ॥'[34]

इस प्रकार की उक्तियाँ कबीर में स्थान-स्थान पर मिलती हैं, यद्यपि इस पद में उनका प्रसंग कुछ और हो सकता है किन्तु प्रच्छन्न रूप से व्यथा भाव की ही अभिव्यक्ति है, जैसे—को जाने मेरे तन की पीरा' ये कथन भावावेश में कहीं भी कह दिए गए हैं, कबीर की वाणी की रचना किसी एक क्रम-विशेष अथवा रचना पद्धति विशेष में नहीं हुई है। जव मन में जैसा भाव प्रवल हो उठा वे बोल उठे।

समस्त समाज, धर्म-नियमों, चिन्तन पद्धति से कबीर को शिकायत रही है, क्योंकि उन्होंने अनुभव किया कि सहज जीवन-व्यवहार के अनुरूप कुछ

भी नहीं हो रहा है। अपनी व्यथा, वेदना, अपनी बात को कहने की कबीर की अपनी ही एक शैली है, वे बड़े-बड़े प्रश्नों, समस्याओं को सहज तर्क द्वारा सुलझा देने में समर्थ दिखाई देते हैं, जैसे—'झगरा एक नबैरो राम, जे तुम्ह अपने जन सूं काम' कितना गहन आत्मविश्वास और कथन की स्पष्टता है, ऐसा उदाहरण अन्यत्र मिलना कठिन है। कबीर अपने निदंकों का भी तर्कसंगत रूप में सहर्ष स्वागत करते हैं—

'निदौं निदों मोको लोग निदौ। निदों निदों मौको लोग निदो।'[35]

कैसा आक्रोश और कैसी विचित्र वेदना, व्यथा है, यह एक सच्चे व्यक्ति के मन की आवाज है, अब वह अत्याचार की पराकाष्ठा को सहन करने को तैयार है, जैसे कोई दुखी होकर अत्याचार करने वाले से चिल्ला-चिल्ला कर कहता है, मारो, मारो, मुझे मारो, और मारो, मन भर कर मारो, खूब निन्दा करो, मेरी खूब निन्दा करो, तुम मुझे तो मारते हो, किन्तु छली, कपटी, आडम्वरी, दुराचारी, भ्रमजाल को फैलाने वाले, निरीह जनता को मूर्ख वनाने वाले, उन दुष्टों और कुधर्मियों की निन्दा करने का साहस क्या तुम लोगों में है, नहीं है, नहीं है, क्योंकि वे शासन सत्ता, समाज सत्ता, धर्म सत्ता को हथियाए हुए हैं—

'हृदया कपट मुख ज्ञानी, झूठे कहा बिलोवसि पानी ।।'[36]

अपना व्यंग्य वाण छोड़ने में कवीर कहीं नहीं, कभी नहीं चूके, वे कहते हैं—

'राम नाम की गति नहीं जानी, कैसे उतरसि पारा ।।'[37]

उन्हें पंडित की कुमति पर दया आ रही है, वह इतने श्रेष्ठ स्थान को प्राप्त कर के भी ज्ञान प्राप्त क्यों नहीं करता। कवीर इसीलिए अपने तपहीन, प्रभु सेवाहीन जीवन का वर्णन करते हैं, कबीर उसी को व्राह्मण मानते हैं जो व्रह्म का विचार करता है।

महात्मा कवीर शाह सिकन्दर लोदी (सन् 1482 से 1557 ई०) के समय में हुए थे, उन्होंने दीन हीन समाज की दुर्दशा देखी थी, सर्वत्र विषमता व्याप्त देखकर कबीर वहुत दुखी थे। उनकी वाणी हृदय उद्भूत मार्मिक संवेदना से परिपूर्ण है, वे नैराश्य की चरमसीमा को भारतीय जीवन में व्याप्त देख रहे थे। अपनी व्यक्तिगत वस्तुस्थिति, पीड़ा द्वारा, उन्होंने तत्कालीन समाज का परिचय देने का प्रयत्न किया है, उनकी वाणी निष्कपट और निर्भीक थी—

'कवीर कानि राखी नहीं वर्णाश्रम वह दरसनी।'[38]

कबीर ने अपने पूर्व जन्म में ब्राह्मण होने का, प्रभु सेवा करने का कुछ स्थानों पर उल्लेख किया है जो अत्यन्त महत्वपूर्ण है—

'पूर्व जन्म तैं ब्राह्मण जाति। हरि सेवा कीन्हसि बहु भाँति।
कछु कुच सेवा हरि की चूका। ताते भया जुलाहा को रूपा।।'[39]

सम्भवतः अपने ब्राह्मण होने की भावना के पुष्ट होने पर, परन्तु ब्राह्मणों द्वारा समाज में आदर न दिये जाने से वे क्रुद्ध थे। इसीलिए काशी के ब्राह्मण और काशी के जुलाहे का विवाद काफी गहराई लिए हुए है। बाल्य-काल की विषम परिस्थितियां, उनके यथार्थ-ज्ञान और वेदना का आधार बन गई, एक बार उनके परिवार के लोग तीन दिन भूखे भी रहे—

'दयोस तीनि के मानस भूषे। वा के रोवैं बहुत विदूषै।'[40]

आचार्य द्विवेदी ने कबीर की इस व्यथापूर्ण भावना का वर्णन करते हुए लिखा है, 'इस तरह कबीर में एक ही साथ कई बातों का योग हुआ। वे दरिद्र और दलित थे इसलिए अन्त तक वे इस श्रेणी के प्रति की गई उपेक्षा को भूल न सके। उनकी नस-नस में इस अकारण दण्ड के विरुद्ध विद्रोह का भाव भरा था।'[41]

कबीर ने समस्त जीवन अनेक प्रकार के अपमान, अत्याचार सहन किए। जन्म से माता-पिता का पता न होने पर ब्राह्मणों ने कमीन, कोरी माना, मुसलमानों ने जुलाहा माना, अधर्मी माना, धनी वर्ग ने अपमानित किया, आर्थिक अभाव ने गृहस्थ जीवन में कष्ट, कलेश उत्पन्न किए, पत्नी तथा लोगों के विश्वासघात, षड्यंत्र का संताप सहन किया, किन्तु उनके ब्रह्मज्ञान के प्रकाश में, 'आपा पर सम चीन्हने' के विराट भाव में, राम सुमिरन के आनन्द में, कबीर अपनी व्यक्तिगत व्यथा को भूल कर भारतीय साधना के इतिहास में एक महान पुरुष, विराट व्यक्तित्व, उदारभाव और जन-चेतना के क्रान्तदर्शी ज्ञानी पुरुष के रूप में प्रतिष्ठित हुए, जो भारतीय जीवन में एक ज्योति स्तम्भ सिद्ध हुआ।

सन्दर्भ

1. क० ग्र०, पदावली 283
2. वही, 275
3. वही, 287
4. वही (परिशिष्ट), 190
5. वही „ „ 216
6. वही, पदावली 370
7. डा० हजारी प्रसाद द्विवेदी—कबीर, पृ० 25
8. क० ग्र०, पदावली 346
9. विवेकदास (सं०) कबीर साहब (सन्त कबीर की क्रान्ति चेतना—डा० चन्द्रभान (रावत), पृ० 300
10. क० ग्र० चाणक कौ अंग, साखी 10
11. डा० रामनिवास चंडक—कबीर जीवन और दर्शन, पृ० 27
12. क० ग्र०, पदावली 286
13. वही, 243
14. डा० रामनिवास चंडक—कबीर जीवन और दर्शन, पृ० 23
15. क० ग्र०, पदावली 239
16. वही, 244
17. वही, 242
18. वही (परिशिष्ट) 36
19. वही, (परिशिष्ट) साखी 185
20. क० ग्र०, (परिशिष्ट) साखी 166
21. रामकुमार वर्मा—संत कबीर : गौ० 6
22. वही, रा० सो० 11
23. क० ग्र०, पदावली (परिशिष्ट) 130
24. वही, पदावली, 99
25. वही, सम्रथाई कौ अंग, साखी 11
26. वही, पदावली, 259
27. वही, 270
28. वही, 124
29. वही, 402
30. वही, 250
31. वही, 365

32. क० ग्र०, पृ० 23
33. वही, पदावली, 341
34. वही, पदावली 285
35. वही, (परिशिष्ट) 128
36. वही, 222
37. वही, 132
38. नाभादास कृत भक्तमाल, पृ० 461
39. कबीर सागर, पृ० 79
40. डा० त्रिलोकी नारायण दीक्षित—परिचयी साहित्य, पृ० 108
41. डा० हजारी प्रसाद द्विवेदी—हिन्दी साहित्य की भूमिका, पृ० 89-90

कबीर की नारी भावना

साहित्य में, विशेष रूप से काव्य में नारी-वर्णन प्रायः सभी कवियों ने किया है। उन्होंने नारी के सौन्दर्य, श्रृंगार, प्रेम आदि का वर्णन ही मुख्य रूप से किया है। नारी के प्रति मोह, लालसा की भावना का वर्णन करने के साथ-साथ उन्होंने उसके कपट आचरण, व्यभिचार, छलना रूप, अविश्वसनीयता का वर्णन भी किया है, और उसे प्रताड़ित भी किया है, किन्तु कहीं भी उसका त्याग करने, उससे दूर रहने की प्रेरणा नहीं दी गई, क्योंकि उसके प्रति अपने सम्मोहन को वे त्याग नहीं सके और न ही उसे तुच्छ तथा घृणित समझ सके। मानव के भाव तत्व में नारी का शाश्वत माधुर्यपूर्ण स्थान है। किन्तु भक्तिकाल में दो कवियों, एक निर्गुणमार्गी, कबीरदास और दूसरे सगुणमार्गी, तुलसीदास ने नारी की निन्दा करते हुए उससे सतर्क रहने के लिए प्रबोधित करते हुए भी उसके सम्मान को अक्षुण्ण बनाए रखने का प्रयत्न किया है। कबीर ने पतिव्रता नारी का वर्णन करके और तुलसी ने विद्या माया का उल्लेख कर उसके प्रति समुचित आदर का भाव प्रदर्शित किया है।

कबीर के काव्य में नारी की निन्दा बहुलता से हुई है, उसको उन्होंने नरक का खानपतन का मार्ग बताया है। इस प्रकार का वर्णन करते हुए कबीर ने नारी की निन्दा और उससे बचे रहने के लिए बार-बार चेतावनी दी है, नर को नारी से, जिसे वे कामिनी संज्ञा से सम्बोधित करते हैं, सावधान रहने के लिए सचेत किया है। क्योंकि उनका विचार है—

'नारि नसावै तीनि गुन, जेहि नर पासै होइ।
भगति मुकति निज ग्यान मैं, पैसि न सकई कोइ॥'[1]

कबीर भगत सुजान थे, और वे भक्ति को सर्वश्रेष्ठ मानते थे, वही मुक्ति और आत्मज्ञान देने वाली है, फिर इस परमसाध्य भक्ति को वे किस प्रकार नष्ट होने देते, ऊसकी रक्षा, आदर-सम्मान के लिए कबीर सब कुछ त्याग देने को

तैयार थे। कबीर ने कामी 'नर कौ अंग' में इस कामनी अर्थात् नारी से बचने का, सतर्क रहने का उपदेश दिया है, उनके अनुसार उस को छोड़ देने, उसका दर्शन तक न करने में ही भलाई है। नारी के प्रति आसक्ति रखना बहुत दुःखद होता है, कबीर की दृष्टि में उसके परिणाम भंयकर होते हैं, उसके सान्निध्य से कभी भी हमारा कल्याण नहीं हो सकता—

'नारी सेती नेह, बुद्धि विवेक सबही हरै।
कोई गवावै देह, कारज कोई न सरें॥'[2]

कबीर दुःख, अस्थिरता, नश्वरता से बहुत भयभीत थे, वे बार-बार इसी बात से मनुष्य को अवगत कराते हैं। क्या कुछ भी सावधानी बरतने से मनुष्य इस विनाश दुःख, मृत्यु से बच सकता है, क्या सब कुछ करके, श्रेष्ठ आचार-विचार का पालन कर, ज्ञान प्राप्त कर, गगन दमामा बजाकर निर्गुण को दोस्त बनाकर भी कबीर अपने को उनसे बचा सके, फिर भी वे इसके लिए मनुष्य की चेतावनी देते रहते हैं। आखिर ऐसा क्यों हुआ कबीर ने इतने कठोर ढंग से नारी के प्रति ये भावनाएँ क्यों अभिव्यक्त कीं, इसका कारण यह है कि कबीर ने अपने युग के सत्य को देखा था तथा प्राचीन काल से चली आ रही मान्यता से भी वे प्रभावित थे कि नारी के प्रति आकर्षण हमारे पतन का कारण होता है। ऐसा भी प्रतीत होता है कि इस सन्दर्भ में कबीर के अपने भी कुछ कटु अनुभव अवश्य रहे होंगे इस दृष्टि से कबीर ने अन्य किसी प्रकार की नारी का विशेष उल्लेख न कर वेश्या का संकेत, किसी गम्भीर भाव और अर्थ की दृष्टि से किया है—

राम पियारा छाँड़ि करि, करै आन का जाप।
वेस्या केरा पूत ज्यों, कहै कौन सो बाप॥[2]

उर्वशी सूरती ने इस प्रसंग का संकेत करते हुए लिखा है कि काशी में कबीर की झोंपड़ी के पास वेश्यालय थे, इसलिए कबीर बहुत दुखी रहते थे। वेश्याएँ और उनके पास आने वाले व्यक्ति कबीर को भजन-कीर्तन करने से मना करते थे, इस विवाद के कारण उन लोगों ने कुचक्र रचकर कबीर की झोंपड़ी में आग लगा दी, कबीर अडिग रहे, किन्तु उसी आग की चिन्गारी से उन वेश्याओं के घर भी जल गए और तब उन स्त्रियों ने अपने नीच आचरण को समझा तथा कबीर से क्षमा-याचना की, उदार-हृदय कबीर ने उनको क्षमा कर दिया इससे प्रभावित होकर उन वेश्याओं ने अपना व्यभिचार त्याग दिया।[4] डा० रामनिवास चण्डक ने लिखा है कि कबीर की उद्दाम युवावस्था कामदग्ध थी,[5] इस वृत्ति के कारण कबीर ने जो परिणाम भोगे, उनकी प्रतिक्रिया स्वरूप ही उन्होंने बड़े कठोर और कटु शब्दों में नारी की भर्त्सना की है—

'कामिनी काली नागिनी, तीनों लोक मंझारी।
राम सनेही ऊबरे, विषयी खाये झारि' ॥[6]

नारी तीनों लोकों में उनके लिए काली-सर्पिणी के समान है जो उसके साथ विषय-वासना में लीन रहते हैं उनका पतन हो जाता है ऐसे लोगों का केवल राम नाम द्वारा ही उद्धार हो सकता है। जिन तथ्यों की ओर उर्वशी सूरती और रामनिवास चण्डक ने संकेत किया है, कबीर में उसकी झलक मिलती है—

परनारी राता फिरैं, चोरी बिढता खाँहि।
दिवस चारि सरसा रहे, अंत समूला जाँहि' ॥[7]

परस्त्री गमन का संकेत कबीर ने कर दिया है और धन-विनाश का संकेत भी वे कर रहे हैं। उन्होंने पुनः इस बात के प्रति प्रायश्चित करते हुए लिखा है—

'परनारी के राचनैं, औगुन है गुन नाँहि।
खार समुद में माछली, केति वहि बहि जाँहि ॥'[8]

मछली के खारे समुद्र में बह जाने के प्रतीक द्वारा कबीर ने परस्त्री अनुरक्ति का दुःखद परिणाम हमारे सामने रख दिया। किन्तु इस मोह, आसक्ति से वचना अत्यन्त कठिन है। वह पहले हमें मीठी खांड की तरह लगती है, किन्तु वही अन्त में विष बनकर हमारा जीवन नष्ट कर देती है—

'पर नारी पर सुन्दरी, बिरला बंचै कोई।
खाता मीठी खांड सीं, अन्त कालि विष होइ ॥'[9]

इन कथनों से स्पष्ट होता है कि कबीर के जीवन में परनारी से सम्बन्धित कोई पीड़ाजनक घटना अवश्य हुई होगी, अन्यथा वे 'कामी नर कौ अंग' तथा 'निहकर्मी पतिव्रता कौ अंग' में इस पक्ष पर इतना अधिक वल नहीं देते। उनकी आत्म-ग्लानि, उन्हें मथती हुई पीड़ा, बार-बार हमारा ध्यान आकृष्ट कर लेती है—

'नारी पराई आपनी, भुगते नर कहिं जाइ।
आगि आगि सब एक है, देत हाथ जरि जाइ ॥'[10]

ऐसा प्रतीत होता है कि उन्हें अनेक नारियों से सम्बन्ध का अनुभव था, जब सभी नारियों द्वारा कपट-व्यवहार हुआ, तब इनके मन में पश्चाताप और ग्लानिपूर्ण उद्वेग व्याप्त हो गया और उन्होंने कहा जैसे सब आग एक समान हैं, उसी प्रकार से सब नारियाँ भी एक ही समान हैं, उनसे किसी सत्य व्यवहार, विश्वास की आशा नहीं करनी चाहिए, ये सब हमें आग की भाँति जलाने वाली हैं, अपने ज्ञानी होने का गर्व भी इन्हें धूल-धूसरित प्रतीत हुआ, उन्होंने ज्ञानी होकर भी

सत्य को गवाँ दिया, उससे मन में भय, लोकापवाद का त्रास उत्पन्न हुआ, उन्होंने इसलिए किसी ज्ञानी की तुलना में उसकी अपेक्षा एक संसारी व्यक्ति को अधिक श्रेष्ठ माना है—

ग्यांनी मूल गंवाइया, आपै भये करता।
तातै संसारी भला, मन में रहै डरता ॥[11]

कबीर जीवन से दो-चार हुए अनुभवी व्यक्ति थे, अतः उन्होंने अपने कटु अनुभव को, यथार्थ व्यवहार की स्थिति को अभिव्यक्त किया है। अनेक अन्तः साक्ष्य इस धारणा की पुष्टि करते हैं, जैसे—

वारह वरस वालपन वीते बीस वरस कहु तप न कीओ।[12]

यह उनकी आत्मस्वीकृति है, उन्होंने युवावस्था को अनैतिक वातावरण में व्यतीत किया, भगवत् भक्ति से दूर रहे, यह पीड़ा उन्हें सदैव सालती रही—

'तीस वरस कछु देव न पूजा। फिरि पछताना विरधि भइयो।'[13]

कबीर ने तीस वर्ष की आयु तक के समय को व्यर्थ गवांना स्वीकार किया है, उस काल में तीस वर्ष की आयु कर्मदृष्टि से बहुत मानी जाती थी, ज्ञानदेव और नानक ने अपने वाल्यकाल में ही बहुत कुछ पा लिया था। कबीर पर ज्ञान-देव का प्रभाव है और उनका आदर्श सामने रखकर देखने पर उन्हें अपने कर्मों पर पश्चाताप हुआ होगा। वे कामलिप्त, विषय-वासना में लीन रहे, इसका उल्लेख वे स्वयं करते हैं—

'बाप राम सुनि मेरी बीनती मेरी। तुम्ह सूं प्रगट लोगन सूं चोरी।
पहले काम मुगध मति कीया, ता मैं कंपै मेरा जीया ॥'[14]

यह भय, ग्लानि पश्चाताप ही कबीर का असली ज्योतितत्व बन गया उनकी हृदय कालिमा दूर हो गई, उनके सामने एक उजाला आ गया, नारी की असत्यता से वे परिचित हो गए थे, और वे क्रोध से झुंझला उठे, वे नारी को क्षमा ही नहीं करना चाहते, न ही परनारी आसक्त किसी नर को दण्डित किये विना छोड़ना चाहते हैं—

'परनारी को राचनो, जस लहुसुन की खानि।
कौन बैठै खाइए, परगट होइ निदानि ॥'[15]

इस उक्ति से प्रतीत होता है कि जो लोग परनारी के प्रति रुचि रखते हैं उनका भेद खुल जाता है, जैसे लहसुन खाने पर उसकी दुर्गन्ध से दूसरों को पता लग जाता है। कबीर ने भक्त के रूपक में परनारी के व्यभिचार को ग्रन्थित कर उसकी उपेक्षित स्थिति का आभास कराया है—'

कबीर जे कोई सुन्दरी, जानि करै विभिचार।
ताहि न कवहू आदरै, परम पुरुष भरतार॥[16]

इसी की तुलना में 'सुन्दरी' के रूपक द्वारा भक्तजनों को एकनिष्ठ सेवा, विश्बास का उपदेश दिया है, यह 'सुन्दरी' आत्मा ही है—

'जे सुन्दरी साँई भजै, तजै आन की आस।
ताहि न कवहू परिहरै, पलक न छाडै पास॥

पतिव्रता नारी पति को अत्यन्त प्रिय तो होती ही है, वह लोकसमाज में भी आदर-सम्मान की दृष्टि से देखी जाती है। नारी के प्रति अपने दृष्टिकोण द्वारा कबीर ने व्यक्तिगत अनुभव लोकसमाज में नारी की स्थिति फैलते हुए व्यभि-को देखकर समाज को उत्तम आचरण पालन की प्रेरणा दी है। तत्कालीन नर-नारी विषयासक्त जीवन व्यतीत कर रहे थे, सामन्ती वर्ग और धनी वर्ग में चरित्रहीनता बहुत फैली हुई थी। नारियाँ अपने चरित्र की मर्यादा खो रही थीं, वेश्यावृत्ति का व्यापार बढ़ रहा था, लोग अपनी स्त्री छोड़कर अन्य नारियों के साथ रमण का आनन्द ले रहे थे, पत्नियाँ अपने पतियों के प्रति निष्ठावान नहीं थीं। कबीर भी किसी कारण इस जाल में फंसे गए, किन्तु उस कालिमापूर्ण गर्त से निकलकर कबीर ने जिस साहस, धैर्य और त्यागपूर्ण निष्ठा का आदर्श समाज और धार्मिक पुरुषों के सम्मुख रखा वह अपने आप में अगर अद्वितीय नहीं है तो एक उच्च चरित्र का श्रेष्ठ उदाहरण अवश्य है।

इतिहासकारों के मतानुसार कबीर ने दो विवाह किए थे, अन्तःसाक्ष्य के आधार पर यह सिद्ध होता है कि कबीर ने गृहस्थ-जीवन व्यतीत किया था—

'मेरी बहुरिया को धनिया नाउ।
लै राख्यो रमजनीआ नाम।
पहली कुरूप कुजाति कुलखनी।
अबकी सुरुप सुजाति सुलखनी॥'[17]

डा० रामकुमार वर्मा ने इस कथन के आधार पर माना कि कबीर की दो पत्नियाँ थीं, पहली कुरूप, नीच जाति की कुलक्षण वाली थी और दूसरी उच्च जाति की, सुन्दर और सुलक्षण थी। पहली पत्नी का नाम लोई था और दूसरी धनिया थी, जिसे रमजनियाँ भी कहा गया है। इससे अर्थ निकलता है कि पहली हिन्दू हो सकती है, दूसरी मुसलमान। सम्भवतः उन्होंने पहली पत्नी को त्याग दिया था अथवा वह स्वयं कुलक्षणी होने के कारण इनकी भक्ति-साधना देखकर, ऐसे जीवन से असंतुष्ट होकर चली गई हो और दूसरी ने इनके जीवन की स्थिति को यथावत् स्वीकार कर लिया हो। उसके भक्तिभाव के कारण ही कबीर को

वह सुन्दर लगा हो, 'सुन्दरि को अंग' से ऐसा ही प्रतीत होता है। पर-पुरुष के प्रति आसक्ति न रखने वाली पत्नी, जिसका भक्तिभाव पूर्ण स्वभाव होगा, इन्हें प्रिय रही होगी। ऐसी नारी की कबीर ने भूरि-भूरि प्रशंसा की है—

'जो पै पतिव्रता ह्वै नारी, कैसे हो रही सो पियहिं विचारी।
तन मन जीवन सौंपि सरीरा, ताहि सुहागिन कहै कबीरा ।।'[18]

इस प्रकार कबीर दास जी ने नारी की चाहे जितनी निन्दा की हो, किन्तु श्रेष्ठ सुलक्षणा नारी के प्रति उन्होंने भरपूर सम्मान स्थान-स्थान पर दिखाया है। नीच नारी मनुष्य का अधःपतन करती है और गुणवान नारी उसको सद्-मार्ग पर ले ही नहीं जाती अपितु अपने कर्तव्यपालन द्वारा उसके मार्ग की रक्षा भी करती है। कबीर असद्मार्ग पर चलकर बहुत दुःख उठा चुके थे—

'जदि का माइ जनमियां, कहूँ न पाया सुख।
डाली डाली मैं फिरौ, पातों पातों दुख ।।'[19]

सामाजिक उपेक्षा के अतिरिक्त अपनी कामवासनाग्रस्त स्थिति के कारण ही सम्भवतः कबीर ने यह दुःख उठाया था और उस दुःख और पतन का कारण उन्होंने नारी और उसके प्रति कामासक्ति को माना है। यह भी हो सकता है कि किसी अन्य नारी ने जिसे वे बार-बार परनारी कहते हैं, उसने उन्हें अपने रूप-जाल में फंसा लिया हो, जिसकी ग्लानि कबीर को आजीवन रही। यह अनुभव सम्भवतः पहली पत्नी से रहा हो।

जब कबीर ने अपनी दूसरी पत्नी का पवित्र व्यवहार, भक्ति-भावना, आदर्श-चरित्र देखा तो उनके विचार बदल गए, यह भी हो सकता है कि उनका मन, चरित्र ही बदल गया हो, उनकी कामासक्त दृष्टि बदल गई हो। तब उन्होंने नारी को आत्मा का, ब्रह्म के अंश का रूप प्रदान किया और वे स्वयं भी नारी रूप बन गए। वे भावोद्वेलित होकर हर्ष-निनाद कर उठे—

हरि मेरा पीव भाई, हरि मेरा पीव, हरि बिन रहि न सकै मेरा जीव।
हरि मेरा पीव मैं हरि की बहुरिया, राम बड़े मैं छुटक लहुरिया ।।[20]

इसी प्रकार से वे अपने प्रीतम को पाकर लहक उठते हैं—

'बहुत दिनन थे मैं प्रीतम पाये, भाग बड़े घरि बैठे आये।[21]

इस से पहले सम्भवतः वे कह उठे थे—

'बाल्हा आव हमारे गेह रे, तुम्ह बिन दुखिया देह रे।
× × ×
एकमक ह्वै सेज न सोवे, तब लग कैसा नेह रे।'[22]

इस प्रकार की भौतिक तथा श्रृंगारपरक भावोक्तियाँ कबीर के हृदय के निर्मल भाव को स्पष्ट करती है जहाँ नारी से उन्हें न कोई द्वेष है, न रोष है, न ही उसके प्रति कोई तिरस्कार की भावना है।

कबीर ने नारी-भावना का वर्णन करते हुए विभिन्न आयामों को प्रस्तुत किया है, कभी-कभी विरोधाभास की असमंजसपूर्ण स्थिति पाठक को मानसिक द्वन्द्व में डाल देती है जहाँ वह यह निर्णय नहीं कर पाता कि कबीर क्या कहना चाहते हैं। इसमें दो बातें स्पष्ट हैं कि पहली स्थिति तो वह है जहाँ उन्होंने नारी की निन्दा की है, जब वह नारी के प्रति आसक्त थे और उन्हें उसके द्वारा छल-कपट मिला, उनके साथ विश्वासघात हुआ और बाद में उन्हें अपनी पूरी युवावस्था के इस विषय-भोग में लीन रहने पर पश्चाताप हुआ और दूसरी स्थिति वह है, जहाँ उन्हें नारी से प्रेम, निष्ठा, विश्वास सद्भाव मिला और उनका इधर-उधर भटकना बन्द हो गया और नारी के अन्य श्रेष्ठ रूप से उनका परिचय हुआ तो उनका दृष्टिकोण बदल गया।

कुछ विद्वानों ने कबीर की नारी भावना को माया वर्णन का रूप प्रदान कर दिया है, यदि सहज और सूक्ष्म दृष्टि से देखा जाए तो ऐसा नहीं है। माया का वर्णन एक दार्शनिक चिन्तन की वस्तु है और नारी का वर्णन नैतिक आचरण से सम्बन्धित है। कबीर ने जिस घृणित दृष्टि से माया के कपट जाल, उसकी आखेट वृत्ति का वर्णन किया है, नारी का उस प्रकार का वर्णन नहीं किया है। यदि ऐसा होता तो जिस कोमल और माधुर्यपूर्ण भाव से उन्होंने कहीं-कहीं नारी भाव की अभिव्यक्ति की है, वैसी वे नहीं कर सकते थे। माया के रूप में परिवर्तन नहीं आ सकता किन्तु नारी में ऐसा परिवर्तन सम्भव है। कबीर में चरित्र परिवर्तन होने पर ही उनमें नारी के प्रति विद्वेष समाप्त हुआ हो, यह भी सम्भावना है। कबीर ने यह अनुभव किया कि उनकी भक्ति-साधना में नारी बाधा है वे कहते हैं—

कहत कबीर सुनहु मेरी भाई, इन मुंडिन मेरी जाति गवाई।[23]

कबीर भक्ति द्वारा, मोक्ष प्राप्ति को अपना लक्ष्य मानते थे, नारी के प्रति आसक्ति उसमें बाधा होती है, इसलिए उसका परित्याग ही श्रेयस्कर है। दूसरे उस काल में समाज में कंचन-कामिनी का राज्य फैला हुआ था, कबीर इस वस्तुस्थिति से पीड़ित थे कि इतना अमूल्य मानव-जीवन किस प्रकार तुच्छ और घृणित आसक्तियों से विकृत होकर नष्ट हो रहा है—

तृया का वदन देखि सुख पावै, साध की संगति कबहूं न आवै॥[24]

वे मनुष्य को प्रबोधित, उद्घोषित करना चाहते थे—

'जागि जागि नर कांहें सोवै, सोइ सोइ कब जागेया।'[25]

कबीर का उद्देश्य मानव को उच्च-जीवन लक्ष्य की ओर अग्रसर करना था, उन्होंने नारी के प्रति विषय-वासना को इसमें बाधक माना और यह बताया कि उस साधना-पथ पर बढ़ने के लिए इस मोह का त्याग करना ही पड़ेगा।

'जदि विषै पियारी प्रीति सूँ, तब अतरं हरि नांहि ॥'[26]

नारी के प्रति उत्पन्न कामवासना तथा इन्द्रियों की आसक्ति में पड़कर मनुष्य हीरे जैसे जन्म को खो देता है—

'भगति बिगाड़ी कांमियाँ, इन्द्री करै स्वादि।
हीरा खोया हाथ तैं, जनम गंवाया बादि ॥'[27]

कबीर का उपदेश संयमित, सदाचारपूर्ण नैतिक-गुणयुक्त जीवनयापन करने का है। उनका उद्देश्य यही था कि मनुष्य नारी का मोह, उसके प्रति तृष्णा और समस्त सद्कर्मों को त्याग कर नारी में ही रम जाना उनको सह्य नहीं था—

'नर नारी सब नरक है, जब लग देह सकाम।'[28]

अतः कबीर ने कामासक्त नर-नारी के प्रति कोई अन्तर नहीं रखा। नारी कामवासना को उद्दीप्त करती है, इसलिए अपने जीवन की उच्चतम उपलब्धियों के लिए मनुष्य का अपने आचार-विचार, कामनाओं और आसक्तियों के प्रति सचेत रहना आवश्यक है। कबीर ने नारी को वहीं तक त्याज्य माना है जहाँ तक वह मनुष्य की लक्ष्य प्राप्ति में बाधा रूप में सिद्ध होती है और उसे पतन और असद् मार्ग की ओर ले जाती है।

संदर्भ

1. क० वाढ़, कामी नर कौ अंग, 10
2. वही, 8
3. वही, सुमिरन कौ अंग 22
4. उर्वशी सूरती—कबीर जीवन और दर्शन, पृ० 48-49
5. डॉ० रामनिवास चंड—कबीर जीवन और दर्शन, पृ० 22
6. क० वाड़, कामी नर कौ अंग, 1
7. वही, 3
8. वही, 5
9. वही, 4

10. वही, 24
11. वही, 27
12. रामकुमार वर्मा—संत कबीर, आ० 15, पृ० 105
13. वही—
14. क० ग्र०, पद 357
15. क० वाड़—कामी नर कौ अंग, 6
16. वही, सुन्दरि कौ अंग, 2
17. रामकुमार वर्मा—संत कबीर राग आसा 33, पृ० 133
18. क० ग्र०, पद, 139
19. वही, समथाई कौ अंग, साखी 11
20. वही, पद 117
21. वही, पद 2
22. वही, पद 307
23. वही, (परिशिष्ट) पद 167
24. वही, पद 239
25. वही, पद 244
26. वही, साध साषी भूत कौ अंग, साखी 13
27. क० वांड्, कामी नर कौ अंग, साखी 18
28. वही, साखी 7

कबीर का प्रकृति-चित्रण

प्रकृति-मानव हृदय में लालित्य, सौन्दर्य, रागात्मकता की सृष्टि करने वाला सर्वश्रेष्ठ साधन तथा माध्यम है। मानव मन में इसके प्रति आकर्षण तथा जिज्ञासा सहज ही उत्पन्न हो जाते हैं। प्रकृति का नित्य-प्रति रूप परिवर्तन, आकार-प्रकार का वैविध्य, वर्णों तथा दृश्यों की विभिन्नता हमारे मन में सरसता तथा स्निग्धता को जन्म देती है, जिसके परिणामस्वरूप कवि-हृदय की भाव-प्रवणता का प्रबल आवेग अभिव्यक्त होने के लिए लालायित हो उठता है। कवि-हृदय की सरसता और माधुर्य का मूलस्रोत प्रकृति ही है, वह हम में सृष्टि के प्रति प्रेम, आकर्षण, सान्निध्य की प्रबल आकांक्षा ही नहीं, भय और त्रास भी उत्पन्न करती है।

वास्तव में दृश्य-जगत को ही प्रकृति कहते हैं, ये सभी उपादान मानवकृत पदार्थों के अतिरिक्त होते हैं—

सर्वं प्राकृतिकं प्रोक्तं यदेतत दृश्यते जगत्।[1]

और तब एक सहज जिज्ञासा उत्पन्न होती है—'केनेद निर्मितम् जगत्' इस दृश्य-जगत का सृष्टा कौन है? उषा, सन्ध्या, मेघ, इन्द्र, वरुण, नदी, वन, पर्वत, पवन, झंझावत, आकाश-मंडल, चन्द्रमा, तारकगण, बादल, विद्युतपुंज, सागर, शस्य-श्यामला, भूमि, वन समूह, पशु-पक्षी, अन्य प्राणी, इनका मधुर कलरव तथा सिंहनाद सभी प्रकृति के अंग हैं, इन विभिन्न वस्तुओं के द्वारा कवि-हृदय की कल्पना में एक विचित्र तथा अलौकिक भाव का उन्मेष होता है। इस चिर-नूतन दृश्य-विधान से विमुग्ध एवं भाव-विह्वल लोगों की जिज्ञासा एवं चिन्तना ने प्रकृति के परिप्रेक्ष्य में एक ऐसे स्पन्दनशील भावुक व्यक्तित्व को विकसित किया जो प्रकृति और मानव को एक-दूसरे से आबद्ध करता गया। इस प्रकार परम्परागत भाव और प्रकृति के व्यापकत्व को लेकर प्रकृति का एक सार्वभौम चित्र निर्मित होता गया और तब समस्त जड़-चेतना इन्द्रियगोचर सृष्टि स्वरूप

को प्रकृति के नाम से सम्बोधित किया जाने लगा। अतः 'इन्द्रिय-प्रत्यक्ष की रूपात्मकता को प्रकृति कहते हैं।'[2] यह धारणा निश्चित हो गई। यह भी स्थापित हुआ कि 'सत्वरजतमसा साम्यावस्था' प्रकृति सतोगुण, रजोगुण और तमोगुण की साम्यावस्था को प्रकृति कहते हैं।[3]

काव्य-जगत में प्रकृति का जो स्वरूपार्थ प्रतिष्ठित हुआ वह लगभग ऐसा ही था, जहाँ वाह्य रूपात्मक प्रकृति का सम्वन्ध मानव के भावात्मक जगत से विशेष रूप से जुड़ जाता है। काव्य तथा कला मानव की भावात्मकता से सम्वन्धित हैं, भौतिक सीमाओं में परिबद्ध रहकर ये अपनी सम्पूर्णता को अभिव्यक्त नहीं कर सकी, किन्तु मानव सचेतन प्रकृति का उपादान है, इसी से मानव की और प्रकृति की सहजात निकटता स्थापित हो गई।'[4] वास्तव में मानव स्वचेतना (आत्म चेतना) के विकास में सचेतन प्रकृति का ही योग है। यही योग प्रकृति का, जो जड़ कहलाती है, मानवीकरण कहलाया, 'मानव की सौन्दर्यमयी बलवती जिज्ञासा, प्रकृति सौन्दर्य से विमुग्ध होकर प्रकृति में भी सचेत सत्ता का अनुभव करने लगती है और इसी भावात्मक एवं प्रकृति-सौन्दर्य के समन्वय से काव्य का जन्म होता है, चाहे वह रहस्यवादी हो, चाहे प्रकृतिवादी हो, छायावादी या प्रगतिवादी हो। काव्य निर्माण में प्रकृति का साहचर्य प्रायः अन्योन्याश्रय समानता धारण कर लेता है।'[5]

मानव तथा प्रकृति के घनिष्ठ सम्बन्ध को अनुभव कर यह वात सोचनी पड़ती है कि प्रकृति के सर्वाधिक प्रभावशाली तथा मनोमुग्ध करने वाले कौन से रूप हैं जिनको देखकर मानव में काव्य-सृजन की इच्छा उत्पन्न होती है, किन रूपों से वह प्रेरणा पाता है। डा० रघुवंश के अनुसार 'वनस्पति जगत का हलके गहरे रंगों का छायातप, पक्षियों का स्वर-लय तरंगित संगीत, स्थिरता की दृढ़ भावना के लिए आकाश में फैला हुआ पर्वत का महान विस्तार, सरिता का निरन्तर गतिशील प्रवाह, गगन में फैली हुई ऊषा की अरुणाभ और रजनी का तारों से युक्त नीलाकाश, यह समस्त प्रकृति का शृंगार मानव के मन के भावों को सौन्दर्य स्थिति प्रदान करता है।'[6]

प्रकृति के प्रभाव से उत्प्राणित, उसके सौन्दर्य से उत्प्रेरित यह भावस्थिति ही काव्य का सृजन करती है। आचार्य शुक्ल ने प्रकृति तथा काव्य-रचना का वहुत गहरा सम्बन्ध माना है, 'प्रकृति की सच्ची अभिव्यंजना द्वारा गृहीत तथ्यों का रमणीय वर्णन भी काव्य का एक वहुत आवश्यक अंग है।'[7] वाल्मीकि की महानता का उल्लेख करते हुए वे कहते हैं, 'उन्होंने संपूर्ण लोकव्यापार का नित्य-स्वरूप देखा।'[8] वे लिखते हैं, 'वन, पर्वत, नदी, निर्झर आदि प्राकृतिक दृश्य हमारे राग या रतिभाव के स्वतंत्र आलंबन हैं, उनमें सहृदयों के लिए सहज आकर्षण वर्तमान है। इन दृश्यों के अन्तर्गत जो वस्तुएँ और व्यापार होंगे

उनमें जीवन के मूलस्वरूप और मूल परिस्थिति का आभास पाकर हमारी वृत्तियाँ तल्लीन होती हैं।'[9] आचार्य शुक्ल ने वही कवि कर्म सार्थक माना है जहाँ 'कविता मनुष्य के हृदय को व्यक्तिगत सम्बन्ध के संकुचित मंडल से ऊपर उठाकर लोकसामान्य भावभूमि पर ले जाती है, जहाँ जगत् के नाना रूपों और व्यापारों के साथ उसके प्रकृत से सम्बन्ध का सौन्दर्य दिखाई पड़ता है। इस सौन्दर्य के अभ्यास से हमारे मनोविकारों का परिष्कार और जगत के साथ हमारे रागात्मक सम्बन्ध की रक्षा और निर्वाह होता है।'[10] इंग्लैंड के कवि विलियम ब्लेक ने इस संदर्भ में बड़ी सारगर्भित उक्ति की है, 'कल्पना का लोक नित्यलोक है। यह शाश्वत और अनन्त है। उस नित्यलोक में उन सब वस्तुओं की नित्य और परमार्थ सत्ताएँ हैं जिन्हें हम प्रकृतिरूपी दर्पण में प्रतिबिम्बित देखते हैं।'[11]

इस कथन में संकेत मिलता है कि प्रकृति के रूप कल्पना के प्रतिबिम्ब नहीं हैं बल्कि कल्पना में आए हुए रूप ही प्रकृति के नाना रूपों के प्रतिबिम्ब हैं। भक्ति-तत्व में, साधना-धारणा में, कल्पना का आभास प्रत्ययवाद (Idealism) की आधारभूमि बन जाता है। परम आत्मा के समान दृश्य जगत से परे 'परम कल्पना' का प्रतिपादन होने पर मनुष्य कल्पना को उस परम कल्पना' का अंग या अंश माना गया। परम सत्ता की अभिव्यक्ति के लिए प्रकृति का अनेक प्रकार से प्रयोग भक्त, संत और रहस्यवादी कवियों ने किया है। कबीर इस कोटि के एक ऐसे कवि हैं जिनमें ये तीनों गुण मिलते हैं। उन्हें उपदेशक, नीरस, संत कवि कहकर उनकी उपेक्षा भी अनेक व्यक्तियों ने की है, किन्तु उसमें कुछ पूर्वाग्रह लगता है। कबीर ने प्रकृति को अपनी भावाभिव्यंजन के लिए अनेक प्रकार से माध्यम बनाया है। विशेष रूप से ब्रह्म रूप का वर्णन करने के लिए—

'बाग-बगीचे खिली फुलवारी,
अमृत लहरें हो रहीं जारी
हंसा केल करता तहं भारी
जहं अनहद धरैं अपारा है॥
तामध अधर सिंहासन गाजै
पुरुष महा तहं अधिक विराजै
कोटिन सूर रोम इक लाजै
ऐसा पुरुष दीदारा है।'[12]

कबीर उसका विचित्र विरोधाभासात्मक वर्णन भी करते हैं—

'जाके मुंह माथा नहीं, नहीं रूपक रूप।
पुहुप बास थे पतला ऐसा तत अनूप ।।'[13]

वह अगम अगोचर पुष्प सुगन्ध से भी पतला है। सुगन्ध को आलम्बन बनाकर कैसी अनूठी कल्पना की है। उस प्रियतम के देश का वर्णन करते हुए उनके प्रकृति भाव का अनूठापन देखिए—

वहि देसवा में नित पूर्णिमा कबहुं न होय अंधेर।
एक सुख कै कवन बतावै, कोटिन सूरज उंजेर ।।[14]

प्रकृति की अनन्त आलोकराशि का सौन्दर्य उसमें उद्भासित हो रहा है। इसी का कबीर ने कितना आकर्षण विभावनामूलक चित्रण किया है—

'तरवर एक मूल बिन ठाढ़ा, बिन फूले फल लगे।
साखा-पत्र कछू नहि जाके, सकल कमल-दल गाजे ।।'[15]

कबीर पर वेदान्त-दर्शन का प्रभाव था, ब्रह्म, जीव और जगत के विवेचन में इसका उन्होंने भरपूर उपयोग किया है।[16] वैदिक ऋषि ने विराट और चेतन सत्ता की स्तुति करते हुए उषा, सविता, वरुण, चन्द्र, मरुत आदि प्राकृतिक शक्तियों का वर्णन किया है। उषा सूक्त, वरुण सूक्त, मरुत सूक्त, वर्षा सूक्त आदि में प्रकृति के इन उपकरणों का स्तवन करते हुए जहां पूज्य भाव के दर्शन होते हैं वहीं प्रकृति के इन नाना रूपों का स्थूल वर्णन भी देखा जा सकता है। वास्तव में प्रकृति मानव की चिर सहचरी है। कबीर ने अपनी आन्तरिक अनुभूतियों को प्रकृति के माध्यम से संस्कारित और रूपायित्त किया है। उन्होंने अपने प्रेमभाव को, आध्यात्मिक ज्ञान के आनन्द को कितने सहज, सरल रूप में वर्णित किया है—

'कबीर बादल प्रेम का, हम परिबरस्या आई।
अंतरि भीगी आत्मा, हरी भई बनराई ।।'[17]

इसके साथ ही योग की कठिन साधना-स्थिति को भी उन्होंने प्रकृति के माध्यम से पाठक को, सन्तजन को समझाया है—

'तिविर सांझ का गहिरा आवै, छावै प्रेम मन तन में।
पच्छिम दिस की खिड़की खोली, डूबहु प्रेम-गगन में।
चेत-कंवल-दल रस पीयो रे, लहर लेहु या तन में।
संख घंट सहनाई वाजे-शोभा सिंध महल में।
कहे कबीर सुनो भाई साधो, अमर साहब लख घट में।[18]

प्रायः सभी कवियों ने संध्या की मादकता, रसमयता तथा सौन्दर्य का वर्णन किया है, कबीर ने उसे उद्दीपक रूप में न लेकर ज्ञान के माधुर्य का स्रोत बताया है, पश्चिम दिशा का योगपरक अर्थ है, पीठ अर्थात् सुषम्ना मार्ग का जागरण करना, चेतन करना, शंख घंटा शब्द, प्रिय मिलन का आभास देते हैं, सागर द्वारा शोभा के अपार रूप का अवबोध कराया है।

जो विद्वान यह कहते हैं कि कबीर प्रकृति को, जगत को असार-मिथ्या और माया मानकर इसके वर्णन में प्रवृत्त नहीं हुए वास्तव में उन्होंने प्रकृति और जगत् का अर्थ एक ही ले लिया है, प्रकृति मूल प्रत्यय का रूपाभास है, इसके विपरीत जगत मानवकृत कृत्रिम रूप है, इसलिए कबीर ने तीन चीजों पर बल दिया है, कंचन, कामिनी तथा लिप्सा भावना, ये तीनों उपकरण हैं ही नश्वर, किन्तु प्रकृति मूलसृष्टि-तत्व से सम्बन्धित है, वह हमारे सामान्य अर्थ बोध की स्वार्थपरक तथा मिथ्या आडम्बरपूर्ण भावों की सीमा से परे है। शुक्ल जी ने कहा है कि कवि इस लोक का जीव नहीं है, वह पार्थिव जीवन से परे है, उसका एक दूसरा ही जगत है, प्रकृति का यथातथ्य चित्रण उन्नत दशा का वर्णन नहीं है। केवल कुतूहल उत्पन्न करना प्रकृति वर्णन नहीं है, लाक्षणिक चमत्कार कविता नहीं है।[19] कबीर का प्रकृति प्रेम तथा वर्णन कुतूहल, विस्मय और सुखविलास की मनोवृत्ति से संबद्ध न था। जहाँ पर भी पाठक को उनकी कविता में कुतूहल या विस्मय दिखाई देता है, वह अलौकिक-तत्व, अपार्थिव सत्ता की गरिमा का परिचायक है, काव्य-वैभव की दृष्टि से उन्होंने इस प्रकार का प्रयोग नहीं किया है।

कबीर का ब्रह्म की विभूति प्रकृति से सीधा सम्बन्ध था। उन्होंने कहीं-कहीं सर्ववाद की झलक भी दिखाई है, परोक्ष जगत की ओर भी संकेत किए हैं, इसलिए प्रकृति का इसी परिप्रेक्ष्य में वर्णन किया है। वह उनकी सच्ची स्वाभाविक व्यंजना है। जो उन्होंने किसी वाद-विशेष अथवा सम्प्रदाय-विशेष से प्रभावित होकर नहीं की है। कबीर मुक्तावस्था के कवि थे और भक्तिभाव की भावविह्वलता के कारण उनमें रागतत्व अथवा अतिशय भावुकता भी आ गई है। प्रकृति का परिवर्तनशील रूप-रंग हेतुभावना के रूप में है।

मनुष्य को चेतावनी देते हुए उन्होंने इस हेतु अर्थ का सुन्दर प्रयोग किया है—

'यहु ऐसा संसार है, जैसा सैंबल फूल।
दिन दस के ब्यौहार को, झूठे रंगि न भूल।'[20]

कृत्रिम, मायावी संसार के प्रच्छन्न रहस्य का उद्घाटन करते हुए उन्होंने मूल सत्य से भिन्न इस संसार की नश्वरता तथा क्षणभंगुरता का वर्णन किया

है। इसी प्रकार से मानव जीवन के सत्य का प्रकृति के माध्यम से उसकी परिवर्तनशीलता के द्वारा परिचय दिया है—

'कबीर कहा गरबियों, इस जीवन की आस।
टेसू फूले दिवस चारि, खंखर भये पलास॥'[21]

यह उक्ति संसार, मानव जीवन तथा प्रकृति निहित सत्य की व्यंजना है। इसमें अस्थिर-तत्व से स्थिर-तत्व की ओर उन्मुख होने की प्रेरणा दी गई है।

भारतीय दर्शन में भी प्रकृति के माध्यम से पारमार्थिक सत्य का परिचय दिया गया है, कबीर ने उसी पद्धति को अपनाया है। जीवात्मा परमात्मा से मिलने को आतुर है उसने संसार के मिथ्या रूप का ज्ञान प्राप्त कर लिया है—

'चलि चलि रे भंवरा कंवल पास, भंवरी बोले अति उदास॥
तैं अनेक पुहुप कौ लियौ भोग, सुख न भयौ तब बढ़्यो रोग॥
हौं जु कहत तो सूं वार वार, मैं सब बन साध्यौ डार-डार॥
दिनां चारि के सुरंग फूल, तिनहि देखि कहा रह्यौ है भूल॥
या बनासपती मैं लागैगी आगि, अब तूं जैहैं कहां भागि॥'[22]

इसके विपरीत प्रकृति के माध्यम से ही अद्वैतवादी दर्शन का चित्रण किया गया है—

'बनमाली जानै वन की आदि; राम नाम विना जनम वादि।
फूल जु फूले रुति बसंत, जामैं मोहि रहे सब जीव जंत॥
फूलनि मैं जैसे रहै वास, यूं घटि घटि गोविंद है निवास।
कहै कबीर मनि भया अनंद, जगजीवन मिलियो परमानंद॥'[23]

कबीर ने ऐसी उपमाओं और रूपकों की संयोजना, इसलिए की है कि दृश्य जगत प्रकृति का, मानव मस्तिष्क और उसके मनोभावों पर प्रत्यक्ष प्रभाव पड़ता है। कबीर ने प्रकृति के अत्यन्त रम्य और संश्लिष्ट दृश्यों का प्रत्यंकन अत्यन्त सफलतापूर्वक किया है। संस्कृत काव्य में प्रकृति वर्णन एक अनिवार्य अंग माना गया है, महाकाव्य के लक्षणों में भी प्रकृति-चित्रण का उल्लेख मिलता है। यह केवल शास्त्रीय, दार्शनिक अथवा उपदेशात्मक दृष्टि से ही नहीं किया, अपितु चित्त की सात्विक रागात्मकता और आत्मोन्नयन के लिए भी किया है। वेदों के वर्णन के पश्चात् कालान्तर में संस्कृत और हिन्दी-काव्य में प्रकृति का वर्णन उद्दीपन रूप में ही हुआ है।

आधुनिक काल के काव्य-मर्मज्ञों तथा सहृदय-कवियों ने प्रकृति के स्वतंत्र वर्णन के महत्व को समझा। प्रकृति में जो सहज नैसर्गिक आकर्षण है, वह

अनन्त काल से मानव मन को मुग्ध करता आया है। यह ठीक है कि कबीर का उद्देश्य अन्य कवियों की भाँति प्रकृति-चित्रण या बिम्बात्मक चित्रण करना नहीं था, क्योंकि वे शान्त और भक्ति रस के कवि हैं, शृंगार रस वर्णन उनका प्रतिपाद्य नहीं था, अपितु शृंगार के प्रति वैराग्य अथवा निवृत्ति भावना उत्पन्न कर, वे मानव को चिरस्थायी आनन्द का अनुभव करा देना चाहते हैं। जगत रूपी अभिव्यक्ति से तटस्थ कल्पना की झूठी कलाबाजी, भावों की नकली उछल-कूद और अतिश्योक्ति पूर्ण वर्णन उनका लक्ष्य नहीं था। उन्होंने गहन गम्भीर तथ्य और सत्य की अभिव्यंजना प्रकृति के द्वारा की है। जिन दृश्यों और तथ्यों को लेकर कबीर की कवि-भावना, चिन्तन-दृष्टि इस ओर उन्मुख हुई है, उनको पढ़कर सहृदय-मात्र उस मूलसत्य का अनुभव कर सकते हैं, जिसका दर्शन कबीर कराना चाहते थे। आचार्य शुक्ल ने इस तथ्य पर प्रकाश डालते हुए लिखा है, 'सदा असामान्य, अद्‌भुत और भव्य चमत्कार ढूँढने वाली दृष्टि को मैं मार्मिक काव्य-दृष्टि नहीं मानता।' 'कबीर की धारणा भी ऐसी ही थी, इसलिए उनकी कविता और आध्यात्मिक साधना सहज स्वाभाविक कही गई है—

'तरवर रूपी रामु है फल रूपी वैरागु।
छाया रूपी साधु है जिन तजिया वाद बिबादु ॥'[24]

प्रकृति के इस बिम्बात्मक वर्णन द्वारा कबीर ने सहज तत्व की प्राप्ति का संकेत किया हैं कि हमें व्यर्थ के वाद-विवाद में नहीं पड़ना चाहिए, प्रकृति की सहज गति की भाँति ही 'राम' को प्राप्त कर लेना चाहिए।

कहीं-कहीं गगन, चन्द्र, सूरज, तारागण का योगपरक अर्थ लिया गया है, किन्तु पाठक को प्रत्यक्ष भाव से जो उसका अभिधा अर्थ है, उसको ग्रहण कर लेने में कठिनाई नहीं होती—

'कोटिन भानु-चन्द्र-तारा-गन छत्र की छाहं रहाई।
मन में मन नैनन में नैना, मन नैना इक हो जाई ॥'[25]

जब साधक इस रसमय भावस्थिति में एकाकार की सहज दशा को प्राप्त कर लेता है उस अनुभव आनन्द की दशा का कबीर ने कितना सरस वर्णन किया है—

'आनन्द धरती आनन्द आकास। आनन्द चंद-सूर परकास ॥
आनन्द आदि अंत-मध तारा। आनन्द अन्ध कूप उजियारा ॥
आनन्द सागर समुद्र-तरंगा। आनन्द सुरसुति जमुना-गंगा।'[26]

प्रकृति को इतने गहन, विराट और सुहृद भाव से वर्णित करने पर भी कबीर में प्रकृति वर्णन के नितान्त अभाव का जो आक्षेप किया गया है, उस पर पुनर्विचार की आवश्यकता है। कबीर की दृष्टि बहुत गहन, गम्भीर, सूक्ष्म और पर्यवेक्षक की दृष्टि थी। उन्होंने किसी भी तत्व का चिन्तन ऊपर-ऊपर से नहीं किया, वल्कि उनकी पैंठ वहुत गहरी थी। प्रकृति नटी है, लीला रूप है, भक्ति और रहस्य तत्व मूल सत्य भी लीला रूप है, उनका आनन्द अनन्त और अखंड है, उसका प्रसार सर्वत्र है, वह आदि से पहले भी था और अन्त के वाद भी रहेगा—

> 'खेल जल-थल सकल जहाना। खेल जानों जंमी असमाना।।
> खेल का यह सकल पसारा। खेल मांहि रहै संसारा।।'[27]

संदर्भ

1. जितेन्द्र भारती—हिन्दी साहित्य में ऋतु वर्णन, पृ० 3
2. डॉ० रघुवंश—प्रकृति और हिन्दी काव्य, पृ० 20
3. वही
4. रामचन्द्र शुक्ल—चिन्तामणि (द्वितीय भाग), पृ० 51
5. वही, पृ० 44
6. वही, पृ० 27
7. चिन्तामणि, (पहला भाग), पृ० 192
8. वही, पृ० 44
9. वही, पृ० 27
10. वही, पृ० 37
11. वही, पृ० 92
12. ह० प्र० द्विवेदी, कवीर, पदावली 76
13. क० ग्र०, 'पीव पिछौनन कौ अंग' साखी 7
14. ह० प्र० द्विवेदी—कवीर, पद 77
15. वही, पद 47
16. डा० कृष्णचन्द्र वर्मा—छायावादी काव्य, पृ० 77
17. क० ग्र०, गुरुदेव कौ अंग, साखी 34
18. ह० प्र० द्विवेदी—कबीर, पद 23

19. चिन्तामणि, भाग 2, पृ० 85
20. क० ग्र०, 'चितावली कौ अंग', साखी 13
21. वही, साखी 8
22. वही, पदावली 388
23. वही, पदावली, 382
24. वही (परिशिष्ट) साखी 75
25. ह० प्र० द्विवेदी—कबीर, पद 93
26. वही, 82
27. वही

कबीर की समदर्शिता

कबीर एक समदर्शी संत थे, जिन्होंने अज्ञानवश उत्पन्न सभी भेद-भाव और असमानता को ज्ञान की सत्य-साधना द्वारा दूर करना ही अपने जीवन का परम लक्ष्य माना यही समताभाव उनके आनन्द का मूलस्रोत था। कबीर की धारणा थी कि मनुष्य बाह्यरूप को ही देखता है, वह अन्तरात्मा को नहीं देखता तथा वह इन्द्रिय-स्वार्थ में लीन रहता है। इन्द्रियाँ बाह्यधर्म का पालन करती है, इसलिए मूलसत्य से अनभिज्ञ व्यक्ति की विवेक सीमा उन तक ही सीमित रहती हैं। किन्तु इस सीमा का अतिक्रमण कर अपने व्यक्तित्व की व्यापकता का अनुभव करने वाला व्यक्ति जीवन के रहस्य और सत्य को प्राप्त कर लेता है, वह समदर्शी बन जाता है, आत्मा का दर्शन करना, उसके अनन्त प्रसार के दृश्य को देखना ही उसका जीवनादर्श होता है। कबीर ने कहा है—

'जाके आतमद्रिष्टि है, साचा जन सोई।'[1]

साचा जन से अभिप्राय है जिस व्यक्ति ने इस संसार में व्याप्त सत्य को जान लिया है, उसको एक वह, जिसका पसारा यह समस्त संसार है, उसको देख लेना ही सच्चे भक्त की सफलता है। अपने से बाहर निकल जाने की प्रवृत्ति में ही जीव का जीवत्व है, परन्तु मनुष्य अनेक द्वन्द्वों में लीन रहकर उन्हीं तक सीमित रह जाता है। उपनिषद में ऋषियों की वाणी यही कहती है—

'आत्मा वारे विजिज्ञासस्व, आत्मैव विजिज्ञासि तव्यः।
तमे वैकं जानथ आत्मानमन्या वाचो विमुञ्चथामृत स्यैव सेतु॥'[2]

मनुष्य क्षुद्र मन लेकर अपना क्षुद्र जीवन बिता रहा है, इसीलिए वह अपने बृहत् मन के अपने बृहत् मन के निर्द्वन्द्व वेगों से घबराता है। 'यदि हमें अपने आप को पूर्णतः जानना है तो हमें निस्संकोच अपनी सारी क्रियाओं को ज्ञाप्त के दिवालोक में रखना होगा, और स्वीकार करगा पड़ेगा, अपने क्षुद्र ज्ञात मन के क्षुद्र संस्कारों को हटाकर साहसपूर्वक, अपने स्वधर्म को।[3] तब स्वधर्म अर्थात्

अपनी सच्ची प्रकृति अपना काम करेगी। कबीर की दृष्टि से यही उत्तमा सहजावस्था है। अपने को पूर्णतः जानना ही व्यवहारतः और परमार्थतः हमारा प्रथम और प्रधान कर्त्तव्य है। यही तादात्म्य का आधार है, इससे समदर्शिता की अवस्था प्राप्त होती है, मनुष्य स्वयं-ज्योति वन जाता है, वह धीर-गम्भीर होकर द्वन्द्वमुक्त हो जाता है।

कबीर मानते थे कि अज्ञानी लोग ही भेद मानते हैं—वे मूलसमता की दृष्टि से वंचित होते हैं, मूल सत्य यह है कि हम सब एक हैं, हम सब में एक ही ज्योति व्याप्त है—

'एक जोति थैं सब उतपनां'[4]

कबीर ने समदर्शिता के आलोक को पा लिया था, उसे एक नूर के रहस्य का ज्ञान हो गया था—

अला एकै नूर उपनाया, ताकी कैसी निंदा।
ता नूर थै सब जग कीया, कौन भला कौन मंदा॥[5]

उस नूर और ज्योति का अनुभव कर कबीर की सम्यक्-भावना, उनकी समदृष्टि जाग्रत हो गई, वह अपने इस प्रसार को जानकर सुख, शान्ति का अनुभव करते हैं—

हम सब मांहि सकल हम मांही, हम थै और दूसरा नाहीं॥
तीनि लोक में हमारा पसारा, आवागमन सब खेल हमारा।
खट दरसन कहियत हम मेखा, हमहीं अतीत रूप नहीं रेखा॥
हमहीं आप कबीर कहावा, हमहीं अपना आप लखावा॥[6]

कबीर ने इस तथ्य पर विशेष बल दिया कि हमें सम्यक्ज्ञान की प्राप्ति करनी चाहिए। वे व्यष्टि से समष्टि में जाकर पुनः व्यष्टि में आकर समाहित हो जाने वाले ज्ञान साधक थे। 'योग युक्त साधक की दृष्टि सम हो जाती है। वह सभी प्राणियों को अपने समान देखने लगता है और उन्हीं में आत्म-दर्शन कर आनन्दित होता है। उसका मन उसके वश में हो जाता है और समस्त विश्व भी मानो उसके वश में हो जाता है। निरासक्त योगी निजस्वरूप में तल्लीन रहता है,'[7] कबीर ऐसे ही साधक को समदृष्टि वाला मानते हैं—

'आपा पर समि चीनियै, दीसै सरब समान।'[8]

कबीर ने इस समदृष्टि के लिए, आत्मज्ञान प्राप्ति के लिए, मन की चंचलता रोकने, उसको वश में करने के लिए उपदेश दिया है, मन-विकार त्याग नहीं करेगा तो हमें ज्ञान कैसे प्राप्त होगा—

'जब मन नहीं तजै विकारा, तों क्यूं तरिये भौ पारा।'[9]

यही सच्चे आत्मज्ञान का साधन है, मन द्वारा अपने उच्च लक्ष्य का सम्पादन कराना, समदर्शी की सार्थकता है, अन्यथा उसकी साधना, ज्ञान, सभी व्यर्थ हैं। जब मन स्थिर, केन्द्रीभूत हो जाता है, तब उसमें निश्चलता और निर्मलता का उदय होता है वह समभावयुक्त हो जाता है और मन की ऐसी साधना करने वाला साधक समदर्शी बन जाता है।

कबीर का युग वैषम्य का अगाध भंडार था, उन्होंने जीवन के प्रत्येक पक्ष में विषमता देखी। सरल, अबोध मनुष्य विषमता के दंश से कराह रहा था, वह अपने जीवन की सुख शान्ति से वंचित हो चुका था, दुःख, विषाद, निराशा, का अन्धकार पराजय की भावना, पलायन-वृत्ति और हीनता उसके जीवन को विषाद की कालिमा से ग्रस्त किए हुए थे, तब कबीर जैसे व्यक्ति को जागना पड़ा उन्होंने योग से समता के सत्य को जाना, आत्मा के सुन्दर, मधुर रूप का वर्णन किया और वे उल्लास भाव से कह उठे—

अवधू जागत नींद न कीजै।

यह भावना आत्मा के आलोक का प्रसार है। कबीर की समदृष्टि कभी सूक्ष्म होती है, कभी विराट, जिससे वह अपने आप में विचित्र आनंद का अनुभव करते हैं, उसकी भव्यता देखिए—

'मैं सबनि मैं औरनि मैं हू सब।'[10]

इस कथन में गीता और उपनिषदों का सार कितने सहज रूप में आ गया है। मैं सबमें हूँ और सब मुझमें है, कैसी अद्भुत समता का अनुभव आत्मा करती है। वास्तव में कबीर अपने युग में फैले साम्प्रदायिक, जातिगत, धार्मिक मतभेदों से बहुत व्यथित थे, किन्तु इतने उद्वेलन की स्थिति में भी उन्होंने अपना धैर्य और संतुलन बनाए रखा जब उन्हें आत्मज्ञान, तत्वज्ञान हो गया तब उन्होंने इस मिथ्या भेद-भाव के रहस्य को जाना। इस भेद-विषमता के कारण ही लोग असहिष्णु अधीर, अशांत, विकारग्रस्त, स्वार्थी और लिप्सु हो गए थे। सभी अपने कर्त्तव्य और मर्यादा सीमा को विस्मृत कर बैठे थे। वे समता के सहज धर्म को त्याग कर ईर्ष्या, द्वेष-पूरित पशुवत व्यवहार कर रहे थे, अपने स्वार्थ की पूर्ति ही मानों उनके जीवन का एकमात्र लक्ष्य था। सहज धर्म के लोप से मनुष्य की नैतिक चेतना, उसका संयमित व्यवहार नष्ट हो गया था, कबीर के सम्मुख सभी मनुष्यों की समानता का आदर्श था, समस्त भूत संसार की एकता की भव्य कल्पना थी, समाज में व्याप्त विषमता उसके दुःख का कारण थी। जो हमारे अनुकूल है, वह सुख है, जो प्रतिकूल है, वह दुःख है, यह मनोवैज्ञानिक

और जैव वैज्ञानिक सत्य है। ये भावनाएँ विषयीगत हैं, इनका विषयगत कोई अर्थ नहीं है। सुख के प्रति आकर्षण और दुःख के प्रति विकर्षण होता ही है; यही हमारे चित्त में उद्वेलित होकर हमारी समता भावना को प्रभावित करते हैं, हमें दूसरे का ध्यान न रखकर अपना आनुकूल्य सिद्ध करना अपना अभिप्रेत समझते हैं, यहीं आकर हमा.ी समदृष्टि में व्याघात उत्पन्न होता है। व्यक्ति, धर्म, समाज, राजनीति, नैतिकता सभी पक्ष इससे सामान्य रूप से प्रभावित होते हैं, किन्तु योगीजन, सन्तजन इस परिधि से मुक्त हैं, उनमें अहंकार, लोभ, मोह, आसक्ति के गुण न रहने पर वे संकीर्ण दृष्टि से परिबद्ध नहीं होते, अतः उनमें आपा पर सम चीह्नों ने की स्थितप्रज्ञ भावना का विकास होता रहता है—

'आपा पर सब एक समान, तब हम पाया पद निर्वाण ॥'[11]

मोक्ष, परमपद अभैपद प्राप्ति की यही स्थिति होती है, जब सर्वसमानता की भावना उजागर होती है, हम उसके प्रकाश में अपने सत्य से परिचित होते हैं। योगीजन सुरति-योग से इस परमस्थिति में अमृत रसपान करते हैं, वे गगन में स्थिति होकर विराट भावना के वैशिद्य का रसपान करते हैं, ऐसा योगी संत ही, कबीर की दृष्टि में अमृत तत्व को पाने का अधिकारी होता है—

'जब थैं आतम तत्त विचारा।
तब निरवैर भया सबहिन थे, काम क्रोध गहिडारा।'[12]

आत्मवत् सर्वभूतेषु की यह परमोज्ज्वल आत्मदृष्टि साधक की निर्विकार अवस्था है। एक-एक से मिलकर सुख प्राप्त करता है। जब तक भिन्नता नहीं होगी, समता की भावना की चेतना उत्पन्न नहीं होगी। ऐसा साधक प्रेमतत्व की गहनता में लीन होकर सभी प्राणियों के प्रति स्नेह और शुभ भाव से आपूरित हो उठता है, उसका व्यक्तित्व निखर उठता है, वह उच्च उर्ध्वगति की ओर वढ़ता है, उसका विकसन होता चला जाता है, यही समता की भावना का, समदृष्टि का विराट रूप है, जो शूद्र मलेच्छ की दुर्भावना से विकार-ग्रस्त है, वह इस समदृष्टि के उच्च पद का अधिकारी नहीं है—

सुद्र मलेछ बसै मन मांही, आतम राम सु चीन्हया नाहीं।[13]

कबीर ने सच्ची समदर्शिता का प्रतिपादन किया है, आत्मैक्य की प्रतिष्ठा की है, कबीर अपने युग के समाज में फैली भेदभाव की कटुता को नष्ट कर देना चाहते थे, यह व्यक्ति और समाज दोनों को पनपने नहीं देती, ऐसा राष्ट्र-जाति उन्नति नहीं करते, उनकी संस्कृति और जीवन-दर्शन का विकास कदापि नहीं हो सकता। ऐसा देश पतनोन्मुख रहता है, उसमें हीन भावना, पराजित मनोवृत्ति, बढ़ती रहती है, वे गौरवहीन, नपुंसक राष्ट्र बन जाते हैं। समता की

दृष्टि हमारी तात्विक और नैतिक श्रेष्ठता का संवर्द्धन करती है, सम्भवतः कबीर ऐसे महापुरुषों, तत्व-ज्ञानियों और मनीषियों के सम्पर्क में आए होगें जिनकी प्रत्यक्ष, अप्रत्यक्ष प्रेरणा इनको मिली होगी। यदि व्यक्ति ने इस भेदभाव और विलगता की भावना को नहीं त्यागा तो दिव्य अनुभूति के अनुपम आनन्द से वंचित रहकर उसके जीवन की कर्मण्यता निरर्थक होकर उसे पतन की ओर ले जाती है। कबीर ने तत्वज्ञान के आधार पर ही समदर्शिता का वर्णन अधिक किया है, किन्तु सामाजिक, व्यावहारिक पक्ष को भी वह छोड़ नहीं सके, उसकी अवहेलना नहीं कर सके। कबीर मानते थे कि व्यक्तिगत आत्मा मनोमय कोष में पहुँच कर विराट चेतना की आनन्दानुभूति करती है। कबीर ने इसके लिए ज्ञान को आधार बनाया है, ज्ञान ही इस समदृष्टि के सत्य से परिचित कराता है—

'सोहहंसा राम समान, काया के गुण आंन ही आन।
माटी एक सकल ससांरा, बहुविधि भाडें घडै कुंभारा॥'[14]

मन की चेतना का पतन होने पर ही व्यक्ति अपने को पृथक मानता है और अपने आप को विश्वात्मा का एक घनीभूत केन्द्र जानने के बजाय अपने विश्व का एकमात्र केन्द्र बनता है।[15] अविद्या ही नाम-रूप भेद को उत्पन्न करती है। उसी से जीव के ज्ञान का तिरोभाव होता है। इसलिए कबीर जीव और ब्रह्म के अपृथक तादात्म्य का वर्णन करते हुए ब्रह्म के विराट भाव में लीन होने की प्रेरणा देते हैं, तभी उस उच्च आध्यात्मिक ज्ञान दशा में हमें समदर्शी का पद प्राप्त हो सकता है। सारी मानवात्माएँ एक ही विराट पुरुष का रूप हैं, आन्तरिक रूप से वे सब अखंड हैं, चाहे बाह्य रूप से उनमें भिन्नता का दर्शन होता है। एकता का विस्तार ही कबीर के चिन्तन, तत्वदर्शन की मूल भावना थी। उन्होंने क्रान्तदर्शी समदर्शिता का प्रचार किया जो तत्कालीन समाज की मृतप्रायः स्थिति के लिए अमृतरसपान के समान सिद्ध हुई। कबीर ने सुधार पर इतना बल नहीं दिया जितना अज्ञान के कुहासे को, ज्ञान के उदयमान प्रकाश से, दूर करने का सार्थक प्रयास किया। कबीर की समदर्शिता में उपनिषद् का तत्वज्ञान, आत्मैक्य, गीता की समदृष्टि और पुराण प्रतिष्ठित प्रेम, सहिष्णुता अनुप्राणित हुई हैं। बौद्ध दर्शन की महाकरुणा भी उनकी समदर्शिता को आलोकित करने लगी, जैनदर्शन की सम्यक्-भावना, सेवा-भावना, त्याग और तपस्या ने उनकी ज्ञानधारा को समताभाव की नई चेतना प्रदान की। कबीर ने गुणतत्वों को सभी पक्षों से ग्रहण किया है, वे भेदभाव, घृणा, द्वेष, स्वार्थ, मिथ्यात्व सभी से मुक्त थे, अतः एक मुक्तात्मा ही समदर्शी हो सकती है। वही स्वाधीन, स्वतंत्र, ज्ञानयुक्त और आनन्दमय जीवन का अनुभव कर सकती है।'

कबीर की विशेषता, अंतर-भेद को समाप्त कर सामंजस्यपूर्ण जीवन का अमृत संदेश अपने युग को देना था।[16]

कबीर ने अभावात्मक जीवन दृष्टि, अपूर्णता की पीड़ा, भयपूर्ण जीवन की शंका को व्यक्ति मानस से दूर करने का प्रयत्न किया। उनका अनुभव ज्ञान, तत्वज्ञान इसमें परम सहायक थे। कबीर का परमसत्ता के प्रति समर्पण पूर्ण श्रद्धा भावना, परदु:खकातरता, अनेकता में एकता, भिन्नता में अभिन्नता का दर्शन, उनका जीवन-दर्शन बना, जिसने उस विच्छिन्न, विकीर्ण अलगाववादी मानसिकतापूर्ण समाज को समदर्शिता की परमतुष्टिमय भावना प्रदान की। सत्य सामंजस्य की समरसता से परिपक्व भावना का प्रसार ही उनके काव्य की सार्थकता है, उसी से पूर्णता, सम्पूर्णता, अखंडता का आनन्द साम्राज्य हृदय-हृदय में पूरित करना कबीर का लक्ष्य था। सम्भवत: तत्कालीन व्यक्ति को पतन से बचाने वाला यही समदर्शिता का मंत्र रहा हो, जिसके द्वारा भारतीय समाज को खण्डित करने वाले तत्व अधिक उभरने नहीं पाये और मनुष्य के जीवन में आध्यात्मिक सौन्दर्य और आनन्द की मधुरता की रक्षा हो सकी।

संदर्भ

1. क० ग्र०, पदावली, 181
2. मुण्डकोपनिषद 7:5
3. श्री वेंकटेश्वर शर्मा—अध्यात्म योग और चित्त विकलन, पृ० 253
4. क० ग्र०, पदावली 57
5. वही, 51
6. वही, 332
7. रामजी लाल सहायक—कबीर दर्शन, पृ० 343
8. क० ग्र०, पदावली 5
9. वही, 173
10. वही, 162, 50
11. वही, 167
12. वही, 186
13. वही, 182
14. वही, 53
15. रामनिवास चंडक—कबीर जीवन और दर्शन, पृ० 210
16. वही, पृ० 27